LEX GLOBO® PRÉSENTE

LE CHANGEMENT DE LA MENTION DU SEXE A L'ETAT CIVIL

PROCÉDURE ET CONDITIONS

COLLECTION DROIT CIVIL

2026

ISBN 979-10-979330-2-9

Éditeur : LEX GLOBO®

4 rue Jean Jaurès

78190

France

Dépôt légal : février 2026

SOMMAIRE

LEX GLOBO®

INTRODUCTION

Le droit à la reconnaissance de l'identité de genre constitue l'une des avancées majeures du droit contemporain des personnes. La question de la modification de la mention du sexe à l'état civil a longtemps divisé la doctrine et la jurisprudence, avant de trouver une consécration législative avec la loi n° 2016-1547 du 18 novembre 2016 de modernisation de la justice du XXI siècle.

Le contexte historique : de la jurisprudence à la loi

Pendant plusieurs décennies, la Cour de cassation s'est opposée à toute modification de la mention du sexe à l'état civil. La haute juridiction considérait que le sexe, déterminé à la naissance, constituait un élément indisponible de l'état des personnes.

Cette position rigide a été remise en cause par la Cour européenne des droits de l'homme. Dans son arrêt B. c/ France du 25 mars 1992 (req. n° 13343/87), la Cour de Strasbourg a condamné la France pour violation de l'article 8 de la Convention européenne des droits de l'homme, estimant que le refus de modifier l'état civil d'une personne transsexuelle portait atteinte au droit au respect de sa vie privée.

À la suite de cette condamnation, l'Assemblée plénière de la Cour de cassation a opéré un revirement de jurisprudence majeur. Par deux arrêts rendus le 11 décembre 1992 (n° 91-11.900 et n° 91-12.373), elle a admis pour la première fois la possibilité de modifier la mention du sexe à l'état civil, sous réserve de conditions strictes : le demandeur devait établir, à la suite d'un traitement médico-chirurgical subi dans un but thérapeutique, qu'il ne possédait plus tous les caractères de son sexe d'origine et avait pris une apparence physique le rapprochant de l'autre sexe.

Cette jurisprudence, bien que constituant une avancée significative, présentait des limites importantes. Elle subordonnait la modification de l'état civil à une condition médicale lourde : la transformation physique irréversible, impliquant généralement une stérilisation. Cette exigence a été vivement critiquée par les associations de défense des droits des personnes transgenres et par une partie de la doctrine.

Les apports de la loi du 18 novembre 2016

La loi n° 2016-1547 du 18 novembre 2016 de modernisation de la justice du XXIe siècle a profondément réformé le régime juridique du changement de la mention du sexe à l'état civil.

Elle a inséré dans le Code civil les articles 61-5 à 61-8, qui constituent désormais le cadre légal de cette procédure.

L'apport majeur de cette réforme réside dans la suppression de toute condition médicale. L'article 61-6 du Code civil dispose expressément que « le fait de ne pas avoir subi des traitements médicaux, une opération chirurgicale ou une stérilisation ne peut motiver le refus de faire droit à la demande ». Le législateur a ainsi consacré une conception de l'identité de genre fondée sur l'autodétermination de la personne, et non plus sur des critères biologiques ou médicaux.

La procédure demeure toutefois judiciaire. Le demandeur doit saisir le tribunal judiciaire et démontrer « par une réunion suffisante de faits » que la mention relative à son sexe dans les actes de l'état civil ne correspond pas à celui dans lequel il se présente et dans lequel il est connu. Cette exigence probatoire, si elle constitue un assouplissement par rapport à l'ancienne jurisprudence, maintient un contrôle juridictionnel sur les demandes.

PARTIE I

LES CONDITIONS DU CHANGEMENT DE LA MENTION DU SEXE

CHAPITRE 1: Toute personne majeure ou mineure émancipée

L'article 61-5 du Code civil ouvre le droit de demander la modification de la mention du sexe à l'état civil à « toute personne majeure ou mineure émancipée ». Cette formulation, apparemment simple, soulève plusieurs questions relatives au champ d'application personnel de la procédure.

Section 1. Les personnes majeures

La majorité civile, fixée à dix-huit ans par l'article 414 du Code civil, constitue la condition première d'accès à la procédure de changement de la mention du sexe. Le majeur capable dispose d'une pleine capacité juridique pour engager cette démarche.

La question du majeur protégé mérite une attention particulière. L'article 61-5 ne prévoit aucune disposition spécifique concernant les personnes faisant l'objet d'une mesure de protection juridique (sauvegarde de justice, curatelle, tutelle). Il convient donc de se référer au droit commun de la protection des majeurs.

La demande de modification de la mention du sexe constitue un acte strictement personnel au sens de l'article 458 du Code civil. Elle touche en effet à l'identité même de la personne et à la perception qu'elle a d'elle-même. À ce titre, elle ne peut être exercée que par la personne protégée elle-même, sans représentation ni assistance, à condition qu'elle dispose d'un discernement suffisant.

Le juge saisi d'une telle demande devra vérifier que le majeur protégé comprend la portée de sa démarche et exprime une volonté libre et éclairée. Cette appréciation relève du pouvoir souverain des juges du fond.

Section 2. Les mineurs émancipés

L'émancipation confère au mineur la pleine capacité civile, sous réserve de quelques exceptions prévues par la loi. Le mineur émancipé est donc assimilé à un majeur pour l'exercice du droit de demander la modification de la mention du sexe à l'état civil.

L'émancipation peut résulter soit du mariage (article 413-1 du Code civil), soit d'une décision du juge des tutelles à la demande des parents ou du conseil de famille, lorsque le mineur a atteint l'âge de seize ans (article 413-2 du Code civil).

En pratique, les cas de mineurs émancipés demandant un changement de la mention du sexe demeurent rares, compte tenu du caractère exceptionnel de l'émancipation elle-même.

Section 3. Le cas des mineurs non émancipés

La question des mineurs non émancipés constitue l'un des points les plus délicats du régime juridique du changement de la mention du sexe. L'article 61-5 du Code civil, en réservant expressément cette faculté aux personnes « majeures ou mineures émancipées », semble exclure les mineurs non émancipés de son champ d'application.

§1. L'interprétation littérale : l'exclusion des mineurs

Une lecture stricte de l'article 61-5 conduit à considérer que le législateur a volontairement exclu les mineurs non émancipés du bénéfice de la procédure. Cette interprétation peut se justifier par plusieurs arguments.

D'une part, le législateur a expressément mentionné les mineurs émancipés, ce qui démontre qu'il a envisagé la question de la minorité. S'il avait souhaité ouvrir la procédure à tous les mineurs, il aurait pu employer une formulation plus large, telle que « toute personne » sans autre précision.

D'autre part, cette restriction peut s'expliquer par la volonté de protéger les mineurs contre des décisions prématurées concernant leur identité de genre, décisions dont les conséquences sont difficilement réversibles. L'attente de la majorité permettrait de s'assurer de la stabilité et de la maturité du choix de la personne.

§2. L'interprétation extensive : le renvoi au droit commun de la représentation

Une autre lecture de l'article 61-5 est possible. Certains auteurs considèrent que le texte n'interdit pas explicitement aux mineurs non émancipés de demander un changement de la mention du sexe ; il se borne à préciser que les majeurs et les mineurs émancipés peuvent agir seuls.

Selon cette interprétation, le mineur non émancipé pourrait agir par l'intermédiaire de ses représentants légaux, conformément au droit commun de l'autorité parentale. Les parents, titulaires de l'autorité parentale, exerceraient alors l'action au nom et pour le compte de leur enfant.

§3. L'apport de la jurisprudence : l'arrêt de la cour d'appel de Chambéry

La cour d'appel de Chambéry a rendu, le 25 janvier 2022, une décision remarquée concernant un mineur non émancipé. Pour la première fois, une juridiction française a fait droit à une demande de modification de la mention du sexe présentée pour un mineur.

La cour a procédé à un contrôle de proportionnalité au regard de l'article 8 de la Convention européenne des droits de l'homme, qui garantit le droit au respect de la vie privée. Elle a estimé que le refus d'accorder au mineur la modification de son état civil, au seul motif de sa minorité, constituait une atteinte disproportionnée à ce droit fondamental.

Cette décision s'inscrit dans le mouvement jurisprudentiel européen favorable à une meilleure prise en compte de l'intérêt supérieur de l'enfant et de son droit à l'identité. Elle ouvre la voie à une évolution possible de la jurisprudence française, dans l'attente d'une éventuelle intervention du législateur.

Il convient toutefois de noter que cette décision demeure isolée et que la Cour de cassation n'a pas encore eu l'occasion de se prononcer sur cette question. Dans l'attente d'une clarification jurisprudentielle ou législative, l'incertitude demeure quant à la possibilité pour les mineurs non émancipés de bénéficier de la procédure de changement de la mention du sexe.

§4. Les débats doctrinaux et associatifs

La question de l'accès des mineurs non émancipés à la procédure de changement de la mention du sexe suscite d'importants débats tant au sein de la communauté juridique que parmi les associations de défense des droits des personnes transgenres.

Les arguments en faveur de l'ouverture aux mineurs

Les partisans d'une ouverture de la procédure aux mineurs invoquent plusieurs arguments de poids. D'abord, l'intérêt supérieur de l'enfant, principe fondamental consacré par la Convention internationale des droits de l'enfant, commande de prendre en compte la souffrance réelle que peut engendrer l'inadéquation entre l'identité de genre vécue et la mention du sexe à l'état civil.

Cette souffrance peut se manifester dès l'enfance et s'intensifier à l'adolescence, période critique pour la construction identitaire.

Ensuite, l'argument de la cohérence du système juridique est régulièrement avancé. Si le législateur a admis, par la loi du 18 novembre 2016, que les mineurs puissent demander le changement de prénom sans condition particulière, pourquoi les priver de la possibilité de modifier la mention du sexe, qui participe de la même logique de reconnaissance de l'identité personnelle ?

Enfin, certains auteurs soulignent que le maintien d'un état civil non conforme à l'identité de genre expose les mineurs à des situations de discrimination et de harcèlement, notamment dans le cadre scolaire.

L'obligation de présenter des documents d'identité portant une mention de sexe inadéquate peut constituer un obstacle majeur à l'épanouissement de l'enfant et à sa scolarité.

Les arguments en faveur du maintien de la condition de majorité

À l'inverse, les défenseurs de l'exclusion des mineurs non émancipés font valoir la nécessité de protéger les enfants contre des décisions dont ils ne mesureraient pas pleinement la portée. La modification de la mention du sexe à l'état civil, bien que juridiquement réversible, emporte desconséquences pratiques importantes.

Ces auteurs insistent sur le fait que l'identité de genre peut évoluer au cours de l'enfance et de l'adolescence. Autoriser un changement d'état civil avant la majorité pourrait conduire à des situations dans lesquelles le jeune adulte souhaiterait revenir sur cette modification, ce qui soulèverait de nouvelles difficultés.

Par ailleurs, la question du consentement parental soulève des interrogations complexes. Si l'on admettait la représentation légale pour cette demande, que faire en cas de désaccord entre les parents ? Ou pire, en cas d'opposition des parents à une demande que l'enfant souhaiterait ardemment formuler ?

Les enseignements du droit comparé

Le droit comparé européen témoigne de solutions diverses. Certains pays, comme la Belgique ou Malte, ont choisi d'ouvrir la procédure aux mineurs, généralement sous certaines conditions (accord parental, avis médical, âge minimum). D'autres États, comme l'Allemagne, maintiennent une condition de majorité.

Cette diversité des solutions juridiques reflète la difficulté de la question et l'absence de consensus au niveau européen. Elle illustre également la marge d'appréciation dont disposent les États membres pour organiser leur droit de l'état civil, tout en respectant les exigences de la Convention européenne des droits de l'homme.

Vers une évolution législative ?

Face à ces débats et à l'évolution de la jurisprudence, plusieurs voix s'élèvent pour demander une intervention du législateur. Une clarification législative permettrait de sortir de l'incertitude juridique actuelle et d'établir un cadre clair, protecteur des droits de l'enfant tout en prenant en compte les légitimes préoccupations quant à la stabilité des décisions prises pendant la minorité.

Plusieurs propositions de loi ont été déposées en ce sens, sans aboutir pour l'instant. La question demeure donc politiquement et juridiquement sensible, à la croisée des enjeux de protection de l'enfance et de reconnaissance des droits fondamentaux des personnes transgenres.

***

Le champ d'application personnel de l'article 61-5 du Code civil, s'il paraît clair en ce qui concerne les majeurs et les mineurs émancipés, laisse subsister une zone d'incertitude pour les mineurs non émancipés. L'évolution de la jurisprudence et, le cas échéant, une intervention du législateur permettront de préciser les contours de ce droit fondamental touchant à l'identité de la personne.

CHAPITRE 2: La réunion suffisante de faits

L'article 61-5 du Code civil pose une condition centrale pour obtenir la modification de la mention du sexe à l'état civil : le demandeur doit démontrer « par une réunion suffisante de faits » que la mention relative à son sexe ne correspond pas à celui dans lequel il se présente et dans lequel il est connu. Cette formulation, volontairement souple, mérite d'être explicitée.

Section 1. La notion de « réunion suffisante de faits »

La loi n'exige pas la démonstration d'un fait unique et déterminant, mais d'un faisceau d'indices convergents établissant la réalité du vécu social du demandeur dans le sexe revendiqué. Cette technique du faisceau d'indices, bien connue en droit, permet au juge d'apprécier globalement la situation de la personne sans imposer de critères rigides.

L'article 61-5 précise que ces faits doivent établir deux éléments distincts.

D'une part, que la personne se présente publiquement dans le sexe revendiqué. Il s'agit ici d'un élément actif, relevant de la démarche personnelle du demandeur : son apparence, son comportement social, la manière dont il s'identifie et se manifeste aux yeux du monde.

D'autre part, que la personne est connue dans le sexe revendiqué. Cet élément renvoie à la perception qu'ont les autres de l'identité de la personne. Il s'agit du regard social porté sur elle, de la reconnaissance par l'entourage de son identité de genre.

Ces deux aspects sont complémentaires : ils attestent à la fois d'une démarche personnelle assumée et d'une reconnaissance sociale effective.

Section 2. Les trois critères légaux

L'article 61-5 énumère trois faits principaux, sans pour autant les ériger en conditions cumulatives. Le texte précise bien qu'il s'agit des « principaux » de ces faits, ce qui signifie que d'autres éléments peuvent être pris en compte et que tous ne doivent pas nécessairement être réunis.

1° Se présenter publiquement comme appartenant au sexe revendiqué

Ce critère fait référence à l'apparence et au comportement social de la personne. Il s'agit de la manière dont elle se présente au quotidien : vêtements, coiffure, prénoms d'usage, attitude générale. La circulaire du 10 mai 2017 précise toutefois que cette exigence ne doit pas conduire à valider des stéréotypes de genre : ce n'est pas la société qui détermine le sexe du demandeur mais bien l'identité vécue par la personne elle-même.

2° Être connu sous le sexe revendiqué de son entourage familial, amical ou professionnel

Ce deuxième critère renvoie à la reconnaissance sociale de l'identité de genre. Des attestations de proches, de collègues, d'amis peuvent établir que la personne est perçue et acceptée dans son entourage comme appartenant au sexe revendiqué. Il peut s'agir de témoignages écrits, de correspondances, de tout élément démontrant cette reconnaissance.

3° Avoir obtenu le changement de prénom afin qu'il corresponde au sexe revendiqué

Le changement de prénom constitue un indice particulièrement significatif de la démarche du demandeur. Depuis la loi du 18 novembre 2016, la procédure de changement de prénom a été déjudiciarisée et confiée à l'officier de l'état civil, ce qui facilite considérablement cette première étape. En pratique, la plupart des demandeurs procèdent d'abord au changement de prénom avant de solliciter la modification de la mention du sexe.

Il convient toutefois de souligner que le changement de prénom préalable n'est pas une condition absolue. L'article 61-6 permet au tribunal d'ordonner simultanément la modification de la mention du sexe et le changement de prénom. Dans ce cas, c'est le juge qui statuera sur les deux demandes en même temps.

Section 3. La liberté de la preuve

L'article 61-5 précise que la preuve de ces faits « peut être rapportée par tous moyens ». Cette formule consacre le principe de la liberté de la preuve, bien connu en droit civil.

En pratique, les demandeurs produisent des documents très variés : attestations de proches, certificats médicaux (bien que non obligatoires), photographies, documents administratifs utilisés au quotidien, relevés bancaires, abonnements divers, inscriptions à des associations ou activités sportives, correspondances, publications sur les réseaux sociaux, etc.

Le juge apprécie souverainement la valeur probante de ces éléments. Il n'existe pas de hiérarchie entre les différents types de preuves : c'est l'ensemble du dossier qui permet de se forger une conviction.

Section 4. L'appréciation par le juge

Le juge dispose d'un large pouvoir d'appréciation pour déterminer si la réunion de faits présentée est « suffisante ». Cette appréciation relève de son pouvoir souverain et échappe, sauf dénaturation, au contrôle de la Cour de cassation.

Dans la pratique judiciaire, les tribunaux se montrent généralement bienveillants lorsque le dossier est correctement constitué et que les éléments produits convergent pour établir la réalité du vécu social du demandeur dans le sexe revendiqué.

Il n'existe pas de durée minimale pendant laquelle la personne doit avoir vécu dans le sexe revendiqué avant de saisir le tribunal. Certaines décisions ont été rendues après quelques mois seulement, d'autres après plusieurs années. L'essentiel est que les éléments produits démontrent de manière convaincante la réalité et la stabilité de l'identité de genre vécue.

La condition de la « réunion suffisante de faits » traduit la volonté du législateur d'éviter toute rigidité excessive tout en maintenant un contrôle juridictionnel sur les demandes. Elle permet de prendre en compte la diversité des situations individuelles et de respecter le vécu de chaque personne.

***

CHAPITRE 3: L'absence d'exigence médicale

L'apport majeur de la loi du 18 novembre 2016 réside dans la suppression de toute condition médicale pour obtenir la modification de la mention du sexe à l'état civil. Cette évolution constitue une rupture radicale avec l'ancienne jurisprudence et marque le passage d'une conception biologique de l'identité de genre à une conception fondée sur l'autodétermination de la personne.

Section 1. Le principe de démédicalisation

L'article 61-6, alinéa 3, du Code civil dispose expressément : « Le fait de ne pas avoir subi des traitements médicaux, une opération chirurgicale ou une stérilisation ne peut motiver le refus de faire droit à la demande. »

Cette formulation est sans équivoque : aucun traitement médical, aucune intervention chirurgicale, aucune transformation physique ne peut être exigée du demandeur. La modification de l'état civil repose désormais exclusivement sur l'identité de genre vécue et reconnue socialement, et non plus sur des critères anatomiques ou biologiques.

Le législateur a ainsi consacré le principe selon lequel l'identité de genre relève de la sphère intime de la personne et ne saurait être subordonnée à des modifications corporelles imposées.

Chacun est libre de décider s'il souhaite ou non entreprendre un parcours médical, sans que ce choix n'affecte son droit à voir son identité reconnue par l'état civil.

Section 2. La rupture avec l'ancienne jurisprudence

Avant la loi de 2016, la jurisprudence de la Cour de cassation, issue des arrêts du 11 décembre 1992, exigeait que le demandeur ait subi « un traitement médico-chirurgical dans un but thérapeutique » et qu'il ne possède plus tous les caractères de son sexe d'origine, ayant pris une apparence physique le rapprochant de l'autre sexe.

En pratique, cette jurisprudence imposait des opérations de réassignation sexuelle, impliquant généralement l'ablation des organes génitaux et conduisant donc à la stérilité de la personne.

Cette exigence a été dénoncée par les associations de défense des droits des personnes transgenres comme une atteinte grave à l'intégrité physique et au droit à l'autodétermination.

La Cour européenne des droits de l'homme elle-même a condamné cette pratique. Dans son arrêt A.P., Garçon et Nicot c. France du 6 avril 2017, rendu postérieurement à l'adoption de la loi de 2016 mais concernant des faits antérieurs, la Cour a estimé que l'exigence d'un processus irréversible de transformation de l'apparence constituait une violation de l'article de la Convention européenne des droits de l'homme.

La loi de 2016 a donc anticipé et dépassé les exigences conventionnelles en supprimant purement et simplement toute condition médicale.

Section 3. La place du parcours médical

Si aucun traitement médical n'est exigé, cela ne signifie pas pour autant que le parcours médical soit dépourvu de toute pertinence dans le cadre de la procédure.

Les personnes qui ont entrepris un parcours médical (suivi psychologique, traitement hormonal, interventions chirurgicales) peuvent évidemment produire les documents médicaux correspondants à l'appui de leur demande. Ces éléments constituent des preuves parmi d'autres de la réalité de leur démarche et de leur identité de genre.

Toutefois, ces documents médicaux n'ont pas de valeur probante supérieure aux autres éléments du dossier. Un certificat médical n'a pas plus de poids qu'une attestation d'un proche ou qu'un justificatif d'usage d'un prénom. C'est l'ensemble du faisceau d'indices qui permet au juge de se forger une conviction.

La circulaire du 10 mai 2017 précise d'ailleurs que « l'exigence de production de documents en relation avec des comportements sociaux et/ou l'expérience de vie dans le sexe revendiqué ne doit pas conduire à considérer que c'est la société qui détermine le sexe du demandeur ».

Section 4. Les garanties contre les dérives

La suppression de toute condition médicale a suscité certaines interrogations : ne risque-t-on pas des demandes fantaisistes ou abusives ? Le caractère judiciaire de la procédure constitue la principale garantie contre de telles dérives.

Le juge conserve en effet un rôle central : il vérifie que les conditions légales sont remplies, notamment l'existence d'une « réunion suffisante de faits ». Cette exigence probatoire implique que le demandeur produise des éléments tangibles démontrant qu'il se présente et est connu dans le sexe revendiqué.

Par ailleurs, l'article 61-6 précise que « le demandeur fait état de son consentement libre et éclairé à la modification de la mention relative à son sexe ». Cette formule rappelle que la personne doit avoir pleinement conscience des conséquences de sa démarche.

Dans la pratique, le nombre de demandes est resté modéré et les juridictions ne font état d'aucune dérive particulière. Les personnes qui entreprennent cette démarche le font après mûre réflexion et dans le cadre d'un parcours souvent long et difficile.

***

La démédicialisation de la procédure de changement de la mention du sexe constitue une avancée majeure dans la reconnaissance des droits des personnes transgenres. Elle consacre le principe selon lequel l'identité de genre relève de l'intimité de la personne et ne saurait être subordonnée à des interventions médicales imposées. Cette évolution s'inscrit dans le mouvement européen et international de respect de l'autodétermination en matière d'identité de genre.

Partie II

La procédure devant le tribunal judiciaire

CHAPITRE 4: La saisine du tribunal judiciaire

La demande de modification de la mention du sexe à l'état civil est portée devant le tribunal judiciaire. Les articles 61-5 à 61-8 du Code civil et les articles 1055-5 à 1055-10 du Code de procédure civile organisent cette procédure. Le demandeur doit respecter certaines règles de compétence et de forme pour que sa requête soit recevable.

Section 1. La compétence du tribunal judiciaire

Le tribunal judiciaire comme juridiction compétente : Depuis la loi du 18 novembre 2016, la procédure relève de la compétence du tribunal judiciaire. Le législateur a maintenu le caractère juridictionnel de cette procédure, contrairement à d'autres pays qui ont déjudiciarisé le changement de prénom. Le contrôle par le juge garantit le respect des conditions légales et la protection des droits fondamentaux.

L'article 1055-6 du Code de procédure civile précise que la demande relève de la matière gracieuse. Le tribunal statue donc sans adversaire, sur requête unilatérale. Le tribunal judiciaire constitue la juridiction de droit commun en matière d'état civil.

La compétence territoriale : L'article 1055-5 du Code de procédure civile, modifié par le décret n°2022-290 du

1er mars 2022, offre au demandeur une option entre deux tribunaux compétents :

1° Soit le tribunal judiciaire dans le ressort duquel la personne intéressée demeure ;

2° Soit le tribunal judiciaire dans le ressort duquel l'acte de naissance de la personne intéressée a été dressé ou transcrit.

Cette double option facilite l'accès à la justice. Le demandeur peut choisir le tribunal le plus proche de son domicile ou celui du lieu de naissance.

Pour les personnes nées à l'étranger, l'article 1055-5 prévoit une compétence spécifique. Lorsque l'acte de naissance est détenu par le service central de l'état civil du ministère des affaires étrangères à Nantes, le demandeur peut saisir le tribunal judiciaire dans le ressort duquel est situé ce service.

L'article 1055-5 réserve une compétence exclusive au tribunal judiciaire de Paris pour les réfugiés, apatrides et bénéficiaires de la protection subsidiaire disposant d'un certificat tenant lieu d'acte de naissance délivré par l'Office français de protection des réfugiés et apatrides (OFPRA).

Pour les personnes sans domicile fixe, la domiciliation administrative auprès d'un centre communal d'action sociale ou d'un organisme agréé permet de déterminer la compétence territoriale.

L'absence de délai pour agir : Les textes ne fixent aucun délai pour présenter la demande. La personne peut agir à tout moment, dès lors qu'elle remplit les conditions posées par l'article 61-5 du Code civil. Il n'existe pas de prescription. Le droit de voir son état civil correspondre à son identité de genre vécue constitue un droit de la personnalité imprescriptible.

Section 2. La forme de la requête

Une requête écrite : L'article 1055-7 du Code de procédure civile prévoit que la demande est formée par requête remise ou adressée au greffe du tribunal judiciaire compétent.

La requête doit être établie par écrit. Elle peut être manuscrite, dactylographiée ou imprimée. Aucun formalisme particulier n'est exigé quant à la présentation matérielle du document.

Le demandeur peut remettre la requête en mains propres au greffe ou l'adresser par voie postale, de préférence en recommandé avec accusé de réception pour conserver une preuve de la date de dépôt.

Les mentions obligatoires : La requête doit comporter les mentions permettant d'identifier le demandeur et l'objet de sa demande. Bien que les textes ne détaillent pas exhaustivement ces mentions, la pratique et les principes généraux de la procédure conduisent à indiquer :

— L'identité complète du demandeur (nom, prénoms figurant à l'état civil, date et lieu de naissance) ;

— Le domicile ou la résidence du demandeur ;

— L'objet de la demande : modification de la mention du sexe et, le cas échéant, modification des prénoms ;

— L'exposé des faits et des motifs justifiant la demande.

L'article 61-6 du Code civil exige que le demandeur fasse état de son consentement libre et éclairé à la modification de la mention relative à son sexe dans les actes de l'état civil. Cette déclaration doit figurer dans la requête. Le demandeur affirme qu'il agit en pleine conscience des conséquences de sa démarche et sans contrainte extérieure.

L'article 1055-7 précise que, le cas échéant, la requête indique si la demande tend également à un changement de prénom. Si le demandeur sollicite une modification de ses prénoms corrélative au changement de sexe, il doit le mentionner expressément et préciser les nouveaux prénoms souhaités.

L'absence d'obligation de ministère d'avocat : L'article 1055-7 du Code de procédure civile énonce expressément que le ministère d'avocat n'est pas obligatoire. Le demandeur peut donc présenter sa requête seul, sans l'assistance d'un avocat.

Toutefois, l'intervention d'un avocat peut être utile pour constituer un dossier complet, rédiger une requête claire et argumentée, et accompagner le demandeur dans ses démarches.Certaines personnes choisissent de se faire assister pour sécuriser leur procédure.

L'aide juridictionnelle peut être accordée pour couvrir les honoraires d'avocat si le demandeur remplit les conditions de ressources.

Les pièces justificatives à produire : Le demandeur doit produire tous éléments de preuve au soutien de sa demande. L'article 61-6 du Code civil le précise expressément. Les pièces relatives à l'état civil comprennent : une copie intégrale de l'acte de naissance de moins de trois mois, une copie de la carte nationale d'identité ou du passeport, un justificatif de domicile récent.

Les pièces démontrant la réunion suffisante de faits établissant que la mention du sexe ne correspond pas au sexe dans lequel le demandeur se présente et est connu peuvent être de nature diverse : attestations de proches (famille, amis, collègues), documents de la vie courante portant la civilité revendiquée (courriers administratifs, bulletins de salaire, attestations d'assurance, factures), certificats médicaux si le demandeur le souhaite mais sans caractère obligatoire, photographies récentes.

Il est recommandé de joindre un bordereau récapitulatif des pièces produites, numérotées et classées de manière cohérente.

Section 3. La recevabilité de la demande

Le dépôt de la requête : La requête et les pièces justificatives sont déposées ou adressées au greffe du tribunal judiciaire compétent. Le greffe enregistre la requête et remet ou adresse au demandeur un récépissé mentionnant la date de dépôt et le numéro d'enregistrement.

Si la requête est adressée par voie postale, il est conseillé d'utiliser un envoi en recommandé avec accusé de réception pour conserver une preuve de la date de dépôt.

L'examen de la recevabilité : Le greffe procède à un examen formel de la requête. Il vérifie que le tribunal saisi est compétent et que la requête comporte les mentions essentielles.

Si la requête est manifestement irrecevable (incompétence territoriale évidente, défaut de capacité du demandeur), le greffe peut en informer le demandeur. Toutefois, seul le juge a le pouvoir de déclarer une demande irrecevable par une décision motivée.

Les causes d'irrecevabilité : Plusieurs motifs peuvent conduire à l'irrecevabilité de la demande :

— L'incompétence du tribunal saisi. Si le demandeur a saisi un tribunal qui n'est pas territorialement compétent au regard de l'article 1055-5 du Code de procédure civile, la demande sera déclarée irrecevable. Le juge peut toutefois indiquer au demandeur le tribunal compétent. ;

— Le défaut de capacité juridique. L'article 61-5 du Code civil réserve cette procédure aux personnes majeures ou mineures émancipées. Un mineur non émancipé ne peut pas agir seul. Un majeur sous tutelle doit respecter les règles relatives aux actes strictement personnels. ;

— L'autorité de la chose jugée. Si une demande identique a déjà été définitivement rejetée et que la situation n'a pas évolué, une nouvelle requête présentant les mêmes éléments se heurtera à l'autorité de la chose jugée.

La saisine du tribunal judiciaire obéit à des règles de compétence et de forme souples et accessibles. Le demandeur dispose d'une option de compétence territoriale. La requête peut être établie sans l'assistance d'un avocat. Cette simplicité vise à faciliter l'accès au droit et à permettre à toute personne remplissant les conditions légales de faire reconnaître son identité de genre.

CHAPITRE 5 : L'instruction de la demande

Une fois la requête déposée et déclarée recevable, le tribunal procède à l'instruction de l'affaire. L'article 1055-8 du Code de procédure civile fixe les règles applicables à l'audience et au déroulement de la procédure. Cette phase permet au juge de vérifier que les conditions légales sont remplies et d'entendre le demandeur.

Section 1. Le caractère non public de la procédure

L'article 1055-8 du Code de procédure civile prévoit que l'affaire est instruite et débattue en chambre du conseil. Les décisions sont rendues hors la présence du public.

<u>La chambre du conseil</u> : La chambre du conseil désigne la formation du tribunal qui statue à huis clos, sans que le public soit admis. Cette procédure se distingue de l'audience publique ordinaire où toute personne peut assister aux débats.

Le choix de la chambre du conseil s'explique par la nature de la demande. La modification de la mention du sexe relève de l'intimité de la personne et de sa vie privée. Le législateur a souhaité protéger le demandeur en évitant que sa situation soit exposée publiquement.

Cette confidentialité constitue une garantie importante pour les personnes transgenres, qui peuvent craindre les regards, les jugements ou les discriminations. Elle permet au demandeur de présenter sa requête dans un climat de respect et de discrétion.

Les décisions rendues hors la présence du public : Non seulement l'audience se déroule à huis clos, mais la décision elle-même est rendue hors la présence du public. Le prononcé du jugement n'est pas public. Cette règle renforce la protection de la vie privée du demandeur.

Toutefois, la décision, une fois rendue, devient un acte de juridiction qui peut être communiqué aux parties et à leurs avocats. Elle peut également être consultée par toute personne justifiant d'un intérêt légitime, dans les conditions prévues par les textes régissant l'accès aux décisions de justice.

Section 2. Le rôle du ministère public

L'article 1055-8 du Code de procédure civile prévoit que l'affaire est instruite et débattue après avis du ministère public. Le procureur de la République intervient donc dans la procédure, non comme partie adverse, mais comme représentant de l'intérêt général et garant de la légalité.

La communication du dossier au ministère public : Le greffe transmet le dossier au procureur de la

République. Celui-ci prend connaissance de la requête et des pièces produites par le demandeur. Il examine si les conditions légales prévues par l'article 61-5 du Code civil paraissent remplies.

Le ministère public dispose d'un délai pour formuler ses observations. Ce délai n'est pas fixé par les textes mais est déterminé par le juge en fonction des circonstances de l'affaire.

Le contenu de l'avis du ministère public : Le procureur de la République rend un avis écrit dans lequel il expose son analyse du dossier. Cet avis peut être favorable, défavorable ou comporter des réserves.

En pratique, conformément aux instructions de la circulaire du 10 mai 2017, les parquets adoptent une attitude bienveillante à l'égard des demandes de modification de la mention du sexe. Lorsque le dossier est complet et que les conditions légales paraissent réunies, le ministère public donne généralement un avis favorable.

Un avis défavorable peut être rendu lorsque le dossier est manifestement incomplet, que les pièces produites sont insuffisantes, ou que des doutes sérieux subsistent sur la réalité du vécu social du demandeur dans le sexe revendiqué.

La portée de l'avis du ministère public : L'avis du ministère public n'est pas contraignant pour le juge. Il s'agit d'un avis consultatif que le tribunal prend en considération mais dont il n'est pas lié. Le juge conserve son entière liberté d'appréciation et peut accueillir une demande malgré un avis défavorable du parquet, ou inversement.

Toutefois, en pratique, les avis du ministère public sont généralement suivis par les tribunaux, notamment lorsqu'ils sont favorables et reposent sur un examen sérieux du dossier.

Section 3. L'audition du demandeur

Bien que les textes n'imposent pas systématiquement l'audition du demandeur, celle-ci constitue une pratique courante et souhaitable dans le cadre de cette procédure.

Le caractère facultatif de l'audition : L'article 1055-9 du Code de procédure civile prévoit que « la personne dont l'état civil est en cause ou son représentant légal peut être entendu ». Cette formulation indique que l'audition est possible mais non obligatoire.

Le juge peut décider d'entendre le demandeur s'il estime que cette audition est utile pour apprécier la situation. À l'inverse, si le dossier est suffisamment complet et clair, le juge peut statuer sans procéder à une audition.

Le demandeur peut également solliciter son audition s'il souhaite s'exprimer devant le tribunal et présenter oralement sa situation.

Le déroulement de l'audition : Lorsqu'une audition est organisée, elle se déroule en chambre du conseil, en présence du juge, du greffier et éventuellement du représentant du ministère public.

Le juge interroge le demandeur sur sa situation personnelle, son parcours, les raisons de sa demande. Il s'assure que le demandeur a pleinement conscience de la portée de sa démarche et qu'il agit librement, conformément à l'exigence de consentement libre et éclairé posée par l'article 61-6 du Code civil.

Cette audition n'a pas pour objet de mettre en doute la parole du demandeur ou de lui faire subir un interrogatoire intrusif. Elle vise simplement à permettre au juge de mieux comprendre la situation et de vérifier que les conditions légales sont remplies.

Le demandeur peut se présenter seul ou accompagné de son avocat. La présence d'un avocat peut rassurer le demandeur et l'aider à présenter sa situation de manière claire et organisée.

L'absence d'obligation de comparution personnelle : Si le juge n'ordonne pas d'audition et que le demandeur ne la sollicite pas, la procédure peut se dérouler entièrement par écrit, sans que le demandeur ait à se présenter physiquement au tribunal. Cette possibilité facilite l'accès à la procédure pour les personnes éloignées géographiquement ou ayant des difficultés de déplacement.

Section 4. L'examen du dossier par le juge

Le juge procède à l'examen attentif du dossier. Il vérifie que les conditions posées par l'article 61-5 du Code civil sont remplies.

La vérification des conditions de recevabilité : Le juge s'assure d'abord que le demandeur a la capacité juridique pour agir. L'article 61-5 réserve cette procédure aux personnes majeures ou mineures émancipées. Le juge vérifie donc l'âge du demandeur ou, le cas échéant, son émancipation.

Pour les majeurs protégés, le juge s'assure que les règles relatives aux actes strictement personnels ont été respectées.

L'appréciation de la réunion suffisante de faits : Le cœur de l'examen porte sur la condition fondamentale posée par l'article 61-5 : le demandeur doit démontrer par une réunion suffisante de faits que la mention relative à son sexe ne correspond pas à celui dans lequel il se présente et dans lequel il est connu.

Le juge examine l'ensemble des pièces produites : attestations, documents de la vie courante, certificats médicaux éventuels, photographies, etc. Il recherche la convergence de ces éléments et leur cohérence.

Cette appréciation relève du pouvoir souverain du juge. Il n'existe pas de critères rigides ou de grille d'évaluation. Le juge apprécie globalement si les éléments produits établissent de manière convaincante la réalité du vécu social du demandeur dans le sexe revendiqué.

La vérification du consentement libre et éclairé : L'article 61-6 du Code civil exige que le demandeur fasse état de son consentement libre et éclairé à la modification de la mention relative à son sexe. Le juge s'assure que cette condition est remplie.

Cette vérification peut s'effectuer par la lecture de la requête, dans laquelle le demandeur exprime son consentement, ou lors de l'audition si celle-ci a lieu.

Le juge veille à ce que le demandeur ait pleinement conscience des conséquences de sa démarche et qu'il n'agisse pas sous la contrainte ou la pression d'un tiers.

***

L'instruction de la demande se caractérise par sa confidentialité et sa souplesse. La chambre du conseil protège la vie privée du demandeur. L'intervention du ministère public assure un contrôle de légalité tout en respectant les droits fondamentaux. L'audition facultative permet au juge d'apprécier la situation dans toutes ses dimensions. Cette phase d'instruction prépare la décision du tribunal.

CHAPITRE 6: Le jugement et les voies de recours

Au terme de l'instruction, le tribunal rend sa décision. L'article 61-6 du Code civil définit le contenu de cette décision et ses effets. Le juge dispose d'un pouvoir d'appréciation pour accueillir ou rejeter la demande. Les voies de recours sont ouvertes au ministère public et au demandeur dont la requête a été rejetée.

Section 1. Le jugement accordant la modification de la mention du sexe à l'état civil

Lorsque le tribunal estime que les conditions légales sont remplies, il fait droit à la demande.

Le constat du respect des conditions légales : L'article 61-6 du Code civil prévoit que « le tribunal constate que le demandeur satisfait aux conditions fixées à l'article 61-5 ». Le jugement doit donc expressément constater que le demandeur a démontré par une réunion suffisante de faits que la mention relative à son sexe ne correspond pas à celui dans lequel il se présente et dans lequel il est connu.

Cette formulation indique que le juge ne se contente pas d'autoriser le changement, mais constate que les conditions sont objectivement réunies. Il s'agit d'un constat judiciaire d'une situation de fait.

L'ordonnance de modification : L'article 61-6 poursuit : le tribunal « ordonne la modification de la mention relative au sexe ainsi que, le cas échéant, des prénoms, dans les actes de l'état civil ».

Le dispositif du jugement ordonne donc la modification de la mention du sexe. Si le demandeur a également sollicité la modification de ses prénoms, le tribunal statue simultanément sur cette demande et ordonne, le cas échéant, le changement de prénoms.

La formule « le cas échéant » confirme que le changement de prénom est facultatif. Le tribunal ne peut ordonner un changement de prénom que si le demandeur l'a expressément sollicité.

Le contenu du jugement : Le jugement comporte les mentions habituelles : l'identification de la juridiction, la date de la décision, la composition du tribunal, l'identité du demandeur, les motifs et le dispositif.

Les motifs exposent les raisons pour lesquelles le tribunal estime que les conditions légales sont remplies. Le juge peut rappeler les principaux éléments du dossier qui l'ont convaincu : attestations, documents produits, cohérence de l'ensemble.

Le dispositif ordonne la modification de la mention du sexe et, le cas échéant, des prénoms. Il précise le nouveau sexe et les nouveaux prénoms qui doivent figurer sur les actes de l'état civil.

Section 2. La décision de rejet

Le tribunal peut également rejeter la demande s'il estime que les conditions légales ne sont pas remplies.

Les motifs du rejet : Le rejet intervient généralement lorsque le dossier est insuffisant. Les pièces produites ne démontrent pas de manière convaincante que le demandeur se présente et est connu dans le sexe revendiqué. Le faisceau d'indices est trop léger ou incohérent.

Le tribunal peut également rejeter la demande si le consentement libre et éclairé du demandeur n'apparaît pas établi, ou si des doutes sérieux subsistent sur la réalité de la démarche.

Le jugement de rejet doit être motivé. Le juge expose les raisons pour lesquelles il estime que les conditions ne sont pas réunies. Cette motivation permet au demandeur de comprendre ce qui fait défaut et, le cas échéant, de compléter son dossier pour présenter une nouvelle demande.

La possibilité de présenter une nouvelle demande : Un rejet n'est pas définitif. Le demandeur peut compléter son dossier, réunir de nouveaux éléments de preuve, et présenter une nouvelle requête. L'autorité de la chose jugée fait obstacle à une nouvelle demande uniquement si la situation n'a pas évoluée et que les mêmes éléments sont produits.

En pratique, les rejets demeurent exceptionnels. Lorsque le dossier est correctement constitué, la très grande majorité des demandes sont accueillies favorablement.

Section 3. Les voies de recours

L'article 1055-6 du Code de procédure civile prévoit que les voies de recours sont ouvertes au ministère public. Cette disposition organise les modalités de contestation de la décision.

L'appel : Le demandeur dont la requête a été rejetée peut faire appel de la décision devant la cour d'appel. Le délai d'appel est d'un mois à compter de la notification du jugement.

Le ministère public peut également interjeter appel si le tribunal a accueilli une demande que le parquet estimait devoir être rejetée. En pratique, les appels du ministère public sont rares.

La cour d'appel réexamine l'affaire au fond. Elle apprécie à nouveau si les conditions légales sont remplies au vu des éléments du dossier et des arguments développés en cause d'appel.

Le pourvoi en cassation : La décision de la cour d'appel peut faire l'objet d'un pourvoi en cassation. Le pourvoi ne peut être formé que pour des moyens de droit, non pour remettre en cause l'appréciation souveraine des faits par les juges du fond.

La Cour de cassation vérifie que la cour d'appel a correctement appliqué les articles 61-5 et 61-6 du Code civil, sans dénaturer les pièces du dossier et sans commettre d'erreur de droit.

***

La décision du tribunal constitue une étape décisive de la procédure. Lorsqu'elle est favorable, elle permet au demandeur d'obtenir la reconnaissance juridique de son identité de genre. Les voies de recours garantissent un contrôle juridictionnel à deux degrés et assurent le respect des droits de chacun.

CHAPITRE 7 :La publicité de la décision

Une fois la décision devenue définitive, elle doit être portée à la connaissance de l'état civil et produire ses effets à l'égard de tous. L'article 61-7 du Code civil organise cette publicité par la mention en marge de l'acte de naissance. Les articles 100 et 101 du Code civil précisent l'opposabilité de cette modification.

Section 1. Le caractère définitif de la décision

L'exécution provisoire : L'article 1055-10 du Code de procédure civile prévoit que la décision du tribunal n'est exécutoire à titre provisoire que si elle l'ordonne. En pratique, les tribunaux n'ordonnent généralement pas l'exécution provisoire de ces décisions.

La décision devient donc définitive à l'expiration du délai d'appel si aucun appel n'a été interjeté, ou après épuisement des voies de recours si un appel ou un pourvoi a été formé.

La force de chose jugée : La décision passée en force de chose jugée acquiert l'autorité de la chose jugée. Elle ne peut plus être remise en cause, sauf par les voies de recours extraordinaires dans des cas très exceptionnels.

C'est à partir de cette date que la décision produit ses effets et que les formalités de publicité doivent être accomplies.

Section 2. La mention en marge de l'acte de naissance

Le délai de quinze jours : L'article 61-7 du Code civil prévoit que mention de la décision de modification du sexe et, le cas échéant, des prénoms est portée en marge de l'acte de naissance de l'intéressé, à la requête du procureur de la République, dans les quinze jours suivant la date à laquelle cette décision est passée en force de chose jugée.

Ce délai de quinze jours court à compter de la date à laquelle la décision est devenue définitive, c'est-à-dire à l'expiration du délai d'appel ou après épuisement des voies de recours.

La requête du procureur de la République : C'est le procureur de la République qui, après avoir constaté que la décision est devenue définitive, requiert l'officier de l'état civil dépositaire de l'acte de naissance de porter la mention en marge. Cette formalité incombe au parquet et non au demandeur.

Le procureur de la République près le tribunal qui a rendu la décision transmet le dispositif du jugement à l'officier de l'état civil compétent. Si l'acte de naissance a été dressé dans une autre commune, le procureur adresse le dispositif à l'officier de l'état civil de cette commune.

Le contenu de la mention : La mention portée en marge de l'acte de naissance indique la modification de la mention du sexe et, le cas échéant, des prénoms. Elle fait référence à la décision judiciaire (tribunal, date, dispositif).

Une fois la mention portée en marge, l'acte de naissance reflète le nouveau sexe et, le cas échéant, les nouveaux prénoms. Les extraits et copies délivrés ultérieurement mentionneront le sexe et les prénoms tels que modifiés par la décision judiciaire.

La modification des actes de l'état civil des conjoints et enfants : Par dérogation à l'article 61-4 du Code civil, l'article 61-7 prévoit que les modifications de prénoms corrélatives à une décision de modification de sexe ne sont portées en marge des actes de l'état civil des conjoints et enfants qu'avec le consentement des intéressés ou de leurs représentants légaux.

Cette règle protège les droits des tiers. Le changement de prénom du demandeur n'est reporté sur l'acte de mariage ou sur les actes de naissance des enfants que si le conjoint ou les enfants (majeurs) ou leurs représentants légaux (mineurs) y consentent.

Section 3. L'opposabilité de la décision

Le renvoi aux articles 100 et 101 du Code civil : L'article 61-7 du Code civil renvoie aux articles 100 et 101 du même code, qui prévoient que les modifications de sexe sont opposables à tous.

L'article 100 du Code civil dispose : « Toute rectification ou annulation judiciaire ou administrative d'un acte est opposable à tous à compter de sa publicité sur les registres de l'état civil. »

La modification de la mention du sexe, dès lors qu'elle a été portée en marge de l'acte de naissance, devient opposable à tous. Toute personne, toute administration, tout organisme doit respecter le nouveau sexe mentionné à l'état civil.

Les conséquences pratiques : L'opposabilité signifie que le nouveau sexe s'impose dans tous les actes de la vie civile. Les administrations, les employeurs, les organismes sociaux, les banques, les assurances doivent prendre en compte cette modification.

La modification s'impose également pour la délivrance de tous documents officiels : carte nationale d'identité, passeport, permis de conduire, livret de famille. Toute expédition d'acte de l'état civil doit être établie conformément à la nouvelle mention du sexe.

L'article 101 du Code civil précise : « Expédition de l'acte ne peut plus être délivrée qu'avec les rectifications ordonnées, à peine de l'amende édictée par l'article 50 du code civil et de tous dommages-intérêts contre le dépositaire des registres. »

Cette disposition garantit que seuls les actes conformes à la modification peuvent être délivrés.

L'officier de l'état civil qui délivrerait un extrait mentionnant l'ancien sexe s'expose à des sanctions.

***

La publicité de la décision par la mention en marge de l'acte de naissance et son opposabilité à tous constituent l'aboutissement de la procédure. Le demandeur peut désormais présenter des documents d'identité correspondant à son identité de genre vécue.

Cette reconnaissance juridique revêt une importance considérable pour les personnes transgenres, qui peuvent désormais vivre pleinement dans le sexe dans lequel elles se présentent et sont connues, sans subir les discriminations liées au décalage entre l'identité vécue et l'identité administrative.

PARTIE III

LES EFFETS DU CHANGEMENT DE LA MENTION DU SEXE

CHAPITRE 8: Les effets sur le mariage et le PACS

Le changement de la mention du sexe à l'état civil soulève des questions spécifiques concernant les unions déjà formées, qu'il s'agisse du mariage ou du pacte civil de solidarité.

Ces interrogations touchent tant à la validité juridique de ces unions qu'aux modalités pratiques de leur maintien et de leur publicité. Le législateur, conscient de la nécessité de préserver la stabilité des liens matrimoniaux et partenariaux existants, a entendu organiser un équilibre entre le respect de l'identité de genre de la personne ayant obtenu le changement de la mention du sexe et la protection des droits de son conjoint ou partenaire. Cette conciliation délicate nécessite une analyse approfondie des textes applicables et de leurs conséquences pratiques.

La loi du 18 novembre 2016 a introduit dans le Code civil un dispositif novateur permettant le changement de la mention du sexe sans exigence de traitement médical, chirurgie ou stérilisation. Cette évolution majeure a naturellement soulevé la question du sort des unions contractées avant ce changement. Fallait-il considérer que le mariage ou le PACS se trouvait automatiquement dissous dès lors que les deux conjoints ou partenaires se trouvaient désormais du même sexe à l'état civil ?

Le législateur a tranché cette question par la négative, consacrant le principe du maintien de plein droit de ces unions.

Cette solution se justifie par plusieurs considérations essentielles. En premier lieu, elle répond à un impératif de respect de la vie privée et familiale des couples concernés, qui doivent conserver la maîtrise de leur destin conjugal ou partenarial. En second lieu, elle garantit la stabilité des situations patrimoniales constituées au sein du couple, évitant ainsi un bouleversement des droits et obligations réciproques des époux ou partenaires. Enfin, elle préserve les droits des enfants issus de ces unions, qui bénéficient d'un cadre familial stable nonobstant le changement de la mention du sexe de l'un de leurs parents.

Section 1. Le maintien du mariage et du PACS

L'article 61-8 du Code civil dispose expressément que la modification de la mention du sexe dans les actes de l'état civil est sans effet sur les obligations contractées à l'égard de tiers.

Cette formulation générale, volontairement large, englobe l'ensemble des engagements juridiques souscrits antérieurement au changement de la mention du sexe, au premier rang desquels figurent les engagements matrimoniaux et les pactes civils de solidarité. Le législateur a ainsi consacré un principe de non-rétroactivité du jugement de changement de la mention du sexe, principe fondamental en droit français qui vise à garantir la sécurité juridique et la stabilité des situations acquises.

Cette règle s'explique par la nature même du jugement prononçant le changement de la mention du sexe. Contrairement à un jugement déclaratif qui se bornerait à constater une situation préexistante, le jugement de changement de la mention du sexe revêt un caractère constitutif. Il crée une situation juridique nouvelle à compter de son prononcé et ne remet pas en cause les actes et situations juridiques antérieurs. Cette distinction fondamentale entre jugement déclaratif et jugement constitutif emporte des conséquences pratiques essentielles : tous les actes juridiques conclus avant le changement de la mention du sexe conservent leur pleine validité et produisent tous leurs effets.

Le mariage ou le PACS demeure donc juridiquement valable et continue de produire l'intégralité de ses effets juridiques. La modification de la mention du sexe de l'un des conjoints ou partenaires n'entraîne ni la nullité ni la caducité de l'union contractée. Cette solution s'impose avec une force particulière puisque le texte de l'article 61-8 ne prévoit aucune exception ni aucune réserve. Le principe du maintien de l'union revêt ainsi un caractère absolu et s'impose au juge, qui ne dispose d'aucune marge d'appréciation sur ce point.

Plus précisément, le juge ne peut prononcer la dissolution du mariage ou du PACS au seul motif du changement de la mention du sexe de l'un des conjoints ou partenaires. Cette interdiction faite au juge découle directement du principe de non-rétroactivité consacré par l'article 61-8. Elle garantit que le changement de la mention du sexe ne constituera jamais, en lui-même, une cause de dissolution de l'union. Si les époux ou partenaires souhaitent mettre fin à leur union, ils devront nécessairement recourir aux procédures de droit commun du divorce ou de la dissolution du PACS, dans les conditions ordinaires prévues par le Code civil.

Cette solution présente l'avantage considérable de préserver les droits des deux membres du couple. D'une part, la personne ayant obtenu le changement de la mention du sexe n'est pas contrainte de voir son union automatiquement dissoute du seul fait de ce changement. D'autre part, le conjoint ou partenaire n'ayant pas changé de sexe conserve l'intégralité de ses droits et peut choisir librement de maintenir ou non l'union. Cette liberté de choix constitue une garantie essentielle du respect de l'autonomie de la volonté de chacun des membres du couple.

La portée pratique de ce principe de maintien s'étend à l'ensemble des effets juridiques du mariage ou du PACS. Les époux ou partenaires conservent ainsi tous leurs droits et obligations réciproques tels qu'ils existaient avant le changement de la mention du sexe.

Cette continuité juridique s'applique sans distinction selon que l'union a été contractée entre personnes de sexe différent ou de même sexe à l'état civil. Dans tous les cas, le changement de la mention du sexe de l'un des conjoints ou partenaires ne modifie en rien le régime juridique applicable à l'union.

Cette continuité emporte des implications concrètes multiples en matière de droits et d'obligations matrimoniaux ou partenariaux. Le devoir de fidélité, le devoir de cohabitation, le devoir de secours et d'assistance demeurent pleinement applicables dans les mêmes conditions qu'avant le changement de la mention du sexe. De même, la contribution aux charges du mariage ou de la vie commune continue d'être exigée de chacun des époux ou partenaires à proportion de leurs facultés respectives, sans que le changement de la mention du sexe n'affecte en rien le calcul de cette contribution.

Le régime matrimonial applicable au couple marié, qu'il s'agisse d'un régime légal ou d'un régime conventionnel, se poursuit dans les mêmes conditions. Le changement de la mention du sexe de l'un des époux ne constitue pas une cause de dissolution du régime matrimonial ni un motif de changement de ce régime. Les règles de gestion des biens, de contribution aux charges, de récompenses ou de créances entre époux demeurent inchangées. Cette stabilité du régime matrimonial garantit la prévisibilité des relations patrimoniales entre époux et préserve les droits acquis de chacun.

Section 2. La mise à jour des actes de l'état civil

Si le mariage ou le PACS se maintient de plein droit, il convient néanmoins d'assurer la cohérence formelle entre la réalité de l'état civil et les mentions portées sur les différents actes et registres. Cette mise en cohérence soulève des questions délicates tenant à la conciliation entre le droit de la personne ayant obtenu le changement de la mention du sexe à voir son nouvel état civil reflété dans l'ensemble des actes la concernant, et le droit de son conjoint ou partenaire au respect de sa vie privée et à la maîtrise de la publicité de sa propre situation familiale.

Le législateur a organisé cette conciliation à l'article 61-7, alinéa 2, du Code civil, qui prévoit que les modifications de prénoms corrélatives à une décision de modification de sexe ne sont portées en marge des actes de l'état civil des conjoints et enfants qu'avec le consentement des intéressés ou de leurs représentants légaux. Cette disposition établit une dérogation notable au droit commun de la publicité des changements d'état civil, qui impose normalement la mention systématique de tous les changements affectant l'état des personnes.

Cette règle dérogatoire s'explique par la volonté du législateur de ménager les intérêts légitimes des proches de la personne ayant obtenu le changement de la mention du sexe.

En particulier, le conjoint ou le partenaire dispose d'un droit au respect de sa vie privée qui s'oppose à ce que son propre état civil fasse apparaître, sans son accord, des mentions relatives au changement de sexe de son conjoint ou partenaire. Cette protection de la vie privée du conjoint ou partenaire constitue une dimension essentielle du dispositif légal.

Concrètement, le conjoint peut ainsi refuser que son acte de mariage mentionne le nouveau prénom de son époux. Dans ce cas, l'acte de mariage du conjoint ne fera pas apparaître la modification du prénom de l'autre époux, même si cette modification résulte d'un jugement définitif et opposable à tous. De même, le partenaire lié par un PACS conserve la faculté de s'opposer à la modification de la mention du PACS figurant en marge de son acte de naissance.

Cette faculté de refus constitue une garantie importante du respect de l'autonomie de volonté et de la vie privée du conjoint ou partenaire.

Toutefois, la portée pratique de cette faculté de refus demeure limitée à un double égard.

D'une part, elle ne porte que sur la publicité du changement sur les actes de l'état civil du conjoint ou partenaire, et non sur le changement lui-même. Le refus du conjoint ou partenaire n'empêche nullement le changement de la mention du sexe de produire tous ses effets juridiques.

D'autre part, ce refus ne remet pas en cause le caractère opposable du changement de la mention du sexe, qui demeure opposable au conjoint ou au partenaire dans toutes les relations juridiques.

En pratique, cette faculté de refus permet simplement d'éviter que le changement de la mention du sexe apparaisse directement sur l'état civil du conjoint ou partenaire. Elle préserve ainsi une forme de discrétion et permet au conjoint ou partenaire de ne pas avoir à justifier ou expliquer cette situation dans ses démarches quotidiennes. Cette discrétion peut présenter une importance particulière dans certains contextes professionnels ou sociaux où la personne préfère ne pas divulguer la situation familiale modifiée.

La mise à jour des actes de l'état civil suppose également une coordination entre les différents officiers d'état civil concernés. Le procureur de la République, qui ordonne la mention du jugement de changement de la mention du sexe en marge de l'acte de naissance de l'intéressé, doit recueillir préalablement le consentement des personnes concernées avant d'ordonner les mentions corrélatives sur les actes subséquents. Cette procédure garantit le respect effectif du droit au consentement préalable consacré par l'article 61-7, alinéa 2.

Les modalités pratiques de recueil de ce consentement méritent d'être précisées. Le procureur de la République adresse généralement une notification écrite aux personnes concernées, les informant de la décision de changement de la mention du sexe et de la possibilité de s'opposer à la mention de ce changement en marge de leur propre acte d'état civil. Un délai raisonnable, généralement d'un mois, est accordé aux intéressés pour faire connaître leur position. L'absence de réponse dans ce délai vaut acceptation tacite de la mise à jour des actes.

Section 3. Les conséquences pratiques

Le maintien du mariage ou du PACS emporte des conséquences pratiques importantes qui affectent l'ensemble de la vie quotidienne du couple. Ces conséquences touchent tant aux aspects patrimoniaux de l'union qu'à ses dimensions personnelles et administratives. Il convient d'examiner successivement ces différentes implications afin d'en mesurer la portée concrète pour les couples confrontés à cette situation.

Sur le plan patrimonial, les époux ou partenaires conservent l'intégralité de leurs droits et obligations réciproques. Cette continuité s'applique en premier lieu au devoir de secours et à la contribution aux charges du ménage ou de la vie commune. Ces obligations fondamentales du mariage et du PACS demeurent pleinement applicables nonobstant le changement de la mention du sexe de l'un des conjoints ou partenaires. Chacun demeure ainsi tenu de contribuer aux charges de la vie commune à proportion de ses facultés respectives, selon les modalités prévues par les articles 214 et 515-4 du Code civil.

La solidarité des dettes contractées pour l'entretien du ménage et l'éducation des enfants se maintient également. Les créanciers conservent donc la possibilité de poursuivre indifféremment l'un ou l'autre des époux ou partenaires pour le paiement des dettes ménagères, sans que le changement de la mention du sexe de l'un d'eux ne puisse être invoqué pour s'exonérer de cette solidarité. Cette règle garantit la protection des tiers créanciers et assure la stabilité des relations contractuelles du couple.

Les droits successoraux réciproques demeurent intacts. En cas de décès de l'un des époux ou partenaires, le survivant conserve l'intégralité de ses droits successoraux tels qu'ils résultent du régime matrimonial applicable ou des dispositions légales relatives au PACS.

Cette continuité des droits successoraux présente une importance pratique considérable, notamment lorsque le couple a constitué un patrimoine commun au fil des années. Le changement de la mention du sexe ne saurait remettre en cause ces droits acquis.

Sur le plan administratif, la personne ayant obtenu le changement de la mention du sexe peut solliciter la délivrance d'un nouveau livret de famille. L'article 16 du décret n° 74-449 du 15 mai 1974 relatif au livret de famille prévoit expressément cette possibilité en cas de changement dans les noms ou prénoms des personnes figurant sur le livret. Cette disposition s'applique pleinement au changement de la mention du sexe, qui s'accompagne généralement d'un changement de prénom.

Le nouveau livret de famille intègre directement le nouveau prénom de la personne ayant obtenu le changement de la mention du sexe, sans aucune référence à la décision de changement ni aux prénoms antérieurs. Cette discrétion présente un intérêt pratique majeur puisqu'elle permet à la famille de disposer d'un document d'état civil parfaitement cohérent avec la situation actuelle, sans avoir à produire ou expliquer les circonstances du changement. Cette confidentialité facilite grandement les démarches administratives courantes du couple et préserve la vie privée familiale.

Toutefois, il appartient en définitive aux époux ou partenaires de décider souverainement s'ils souhaitent maintenir leur union ou y mettre fin. Le changement de la mention du sexe, bien que neutre sur le plan strictement juridique, peut constituer un bouleversement personnel profond susceptible de remettre en cause l'équilibre du couple. Dans cette hypothèse, les époux ou partenaires conservent la faculté de recourir aux procédures de droit commun du divorce ou de la dissolution du PACS.

La modification de la mention du sexe peut ainsi constituer un fait de nature à justifier une demande de divorce pour altération définitive du lien conjugal ou pour acceptation du principe de la rupture du mariage. De même, elle peut motiver une demande de dissolution du PACS, qui peut intervenir à tout moment par déclaration conjointe ou unilatérale. Ces procédures permettent aux époux ou partenaires de tirer les conséquences juridiques d'une situation devenue incompatible avec la poursuite de la vie commune, sans pour autant que cette dissolution soit imposée par la loi.

CHAPITRE 9: Les effets sur la filiation

La filiation constitue l'un des domaines les plus sensibles et les plus complexes du droit de la famille. Elle détermine les liens juridiques entre parents et enfants et emporte des conséquences fondamentales tant pour l'organisation de la famille que pour les droits et obligations réciproques de ses membres. Le changement de la mention du sexe à l'état civil soulève des interrogations délicates quant au maintien et à l'établissement des liens de filiation.

Le législateur a expressément prévu, à l'article 61-8 du Code civil, le maintien des filiations établies avant le changement de la mention du sexe. Cette disposition vise à garantir la stabilité des liens de parenté et à préserver les droits fondamentaux des enfants. Toutefois, elle laisse en suspens la question des filiations qui pourraient être établies postérieurement au changement, créant ainsi un vide juridique source d'incertitudes et de contentieux qui ont donné lieu à des décisions judiciaires majeures et controversées.

Section 1. Le principe de non-rétroactivité

L'article 61-8 du Code civil énonce avec une clarté remarquable que la modification de la mention du sexe dans les actes de l'état civil est sans effet sur les filiations établies avant cette modification. Cette formulation expresse consacre un principe de non-rétroactivité absolue du jugement de changement de la mention du sexe en matière de filiation. Ce principe découle de la nature constitutive du jugement prononçant le changement de la mention du sexe, qui crée une situation juridique nouvelle sans remettre en cause les situations antérieurement acquises.

Cette règle fondamentale garantit que la décision de changement de la mention du sexe ne produit ses effets que pour l'avenir, à compter du jour où elle acquiert force de chose jugée.

Elle ne remet aucunement en cause les situations juridiques définitivement constituées, au nombre desquelles figure en première ligne la filiation. Cette protection des situations acquises répond à un impératif de sécurité juridique et de protection de l'intérêt supérieur de l'enfant, principe fondamental consacré par la Convention internationale des droits de l'enfant et par l'article 3-1 du Code civil.

Les conséquences pratiques de ce principe sont considérables. Un père qui devient femme à l'état civil demeure juridiquement le père de ses enfants, sans que cette qualité puisse être remise en cause du seul fait du changement de la mention du sexe. Réciproquement, une mère qui devient homme à l'état civil conserve pleinement sa qualité de mère. Cette permanence du lien de filiation ne souffre aucune exception et s'impose avec une force particulière tant aux parents qu'aux enfants et à l'ensemble des tiers.

Cette solution présente de nombreux avantages sur le plan juridique et pratique. Elle garantit d'abord la stabilité de l'état des personnes en évitant que le changement de la mention du sexe d'un parent ne vienne bouleverser la filiation déjà établie. Elle préserve ensuite l'ensemble des droits et obligations découlant de la filiation, qui constituent le socle des relations familiales.

L'autorité parentale, l'obligation d'entretien, la vocation successorale et l'ensemble des droits et devoirs attachés à la qualité de parent ou d'enfant demeurent pleinement applicables.

L'autorité parentale, ensemble de droits et de devoirs conférés aux parents pour protéger l'enfant dans sa sécurité, sa santé et sa moralité, se maintient intégralement nonobstant le changement de la mention du sexe de l'un des parents. Le parent ayant changé de sexe conserve ainsi tous ses droits et devoirs à l'égard de ses enfants : droit et devoir de garde, droit et devoir de surveillance, droit et devoir d'éducation. De même, les modalités d'exercice de l'autorité parentale, qu'il s'agisse d'un exercice conjoint ou unilatéral, ne sont aucunement affectées par le changement de la mention du sexe.

L'obligation d'entretien, qui impose aux parents de pourvoir aux besoins de leurs enfants mineurs et de contribuer à leur éducation, demeure également applicable sans restriction.

Cette obligation, qui trouve son fondement dans les articles 203 et suivants du Code civil, ne dépend nullement de la mention du sexe portée à l'état civil du parent débiteur. Le parent ayant changé de sexe demeure donc tenu de contribuer à l'entretien et à l'éducation de ses enfants dans les mêmes conditions qu'avant le changement de la mention du sexe.

La vocation successorale réciproque entre parents et enfants se maintient pareillement. En cas de décès du parent ayant changé de sexe, ses enfants conservent l'intégralité de leurs droits successoraux, qu'il s'agisse de la réserve héréditaire ou de la quotité disponible.

Réciproquement, en cas de décès d'un enfant, le parent ayant changé de sexe conserve sa vocation héréditaire dans les conditions de droit commun. Cette continuité des droits successoraux garantit la transmission du patrimoine familial selon les règles habituelles du droit des successions.

Enfin, cette solution évite de placer les enfants dans une situation d'incertitude juridique préjudiciable à leur épanouissement et à leur stabilité affective. Les enfants ne se voient pas contraints de modifier leur filiation établie ni de s'interroger sur la nature juridique de leur lien avec leur parent. Cette stabilité présente une importance capitale pour le développement harmonieux de l'enfant et pour la préservation de l'équilibre familial.

Section 2. L'impossibilité de modifier le lien de filiation

Le maintien de la filiation établie emporte une conséquence juridique importante : il interdit toute modification ultérieure de la nature juridique de ce lien. Un père ne peut devenir mère de ses enfants, ni une mère devenir père, au seul motif du changement de la mention de son sexe à l'état civil. Cette règle, qui découle directement du principe de non-rétroactivité consacré par l'article 61-8 du Code civil, présente une portée absolue et s'impose sans exception possible.

Cette impossibilité de modifier le lien de filiation établi se justifie par plusieurs considérations fondamentales.

En premier lieu, elle répond à la volonté de protéger la stabilité de l'état des personnes, principe cardinal du droit français de la famille. L'état des personnes, qui détermine la situation juridique de chaque individu dans la société et dans sa famille, doit présenter un

caractère de permanence et de certitude. Toute modification intempestive de l'état des personnes serait source d'insécurité juridique et porterait atteinte aux droits fondamentaux des personnes concernées.

En second lieu, cette règle trouve son fondement dans les modes d'établissement de la filiation tels qu'ils sont organisés par le Code civil. La filiation repose en effet sur des critères juridiques précis et objectifs, qui varient selon qu'il s'agisse de la filiation maternelle ou de la filiation paternelle. La filiation maternelle s'établit par la désignation de la mère dans l'acte de naissance de l'enfant, désignation qui résulte de l'accouchement conformément à l'article 311-25 du Code civil. La filiation paternelle, quant à elle, s'établit par la présomption de paternité du mari de la mère ou par la reconnaissance, selon les articles 312 et 316 du Code civil.

Or, le changement de la mention du sexe n'affecte en rien ces modes d'établissement de la filiation. Une femme qui a accouché d'un enfant demeure juridiquement sa mère même si elle devient homme à l'état civil ultérieurement. L'accouchement constitue un fait biologique objectif qui ne peut être remis en cause rétroactivement par un changement ultérieur de l'état civil. De même, un homme qui a reconnu un enfant ou qui bénéficie de la présomption de paternité conserve sa qualité de père même s'il devient femme à l'état civil par la suite.

Cette permanence du lien de filiation établi garantit également la cohérence du droit de la filiation dans son ensemble. Le Code civil organise en effet un système complet et cohérent de modes d'établissement, de contestation et de modification de la filiation. Permettre la modification de la nature du lien de filiation au seul motif du changement de la mention du sexe d'un parent reviendrait à créer un nouveau mode de modification de la filiation échappant aux règles générales du droit de la filiation, ce qui porterait atteinte à la cohérence d'ensemble du système.

En pratique, l'acte de naissance de l'enfant continue donc de mentionner le lien de filiation tel qu'il existait au moment de son établissement initial. Si l'enfant a été déclaré comme ayant pour père Monsieur X, cette mention demeure inscrite à l'état civil même si Monsieur X devient ultérieurement Madame X à l'état civil. L'acte de naissance ne sera pas modifié pour substituer la mention « mère » à la mention « père », car une telle modification reviendrait à remettre en cause rétroactivement le mode d'établissement de la filiation.

Toutefois, une modification partielle de l'acte de naissance de l'enfant demeure possible s'agissant du prénom du parent ayant obtenu le changement de la mention du sexe. L'article 61-7, alinéa 2, du Code civil prévoit en effet que les modifications de prénoms corrélatives à une décision de modification de sexe peuvent être portées en marge de l'acte de naissance de l'enfant, sous réserve toutefois du consentement de l'enfant majeur ou de ses représentants légaux s'il est mineur.

Cette faculté de mise à jour du prénom présente une portée limitée mais non négligeable. Elle permet d'assurer une certaine cohérence entre l'état civil actuel du parent et la filiation mentionnée sur l'acte de naissance de l'enfant, sans pour autant remettre en cause la nature juridique du lien de filiation. Ainsi, si Monsieur Pierre X devient Madame Marie X, l'acte de naissance de l'enfant pourra, avec le consentement requis, mentionner que l'enfant a pour père Madame Marie X, ce qui constitue certes une formulation inhabituelle mais juridiquement exacte.

Section 3. Les filiations établies postérieurement au changement

La question des filiations établies après le jugement de changement de la mention du sexe soulève des difficultés juridiques particulièrement délicates, qui révèlent les limites et les imperfections du dispositif législatif actuel.

L'article 61-8 du Code civil, en visant expressément les filiations établies « avant » la modification de la mention du sexe, laisse dans l'incertitude le régime applicable aux filiations qui pourraient être établies postérieurement. Ce silence du législateur crée un vide juridique préoccupant qui a donné lieu à un contentieux judiciaire majeur, révélant les profondes divergences d'appréciation existant au sein de la magistrature.

Ce vide juridique soulève des interrogations multiples et complexes. Une femme à l'état civil ayant conservé ses organes reproducteurs masculins et ayant conçu un enfant au moyen de ses gamètes peut-elle être reconnue comme la mère de l'enfant ainsi conçu ?

Réciproquement, un homme à l'état civil conservant la capacité physiologique de mener une grossesse et ayant accouché d'un enfant peut-il être juridiquement reconnu comme le père de cet enfant ? Ces questions, qui auraient pu sembler purement théoriques il y a quelques années, sont devenues d'une actualité brûlante depuis que la loi du 18 novembre 2016 a supprimé toute exigence de traitement médical pour obtenir le changement de la mention du sexe.

L'absence de réponse législative claire à ces questions s'explique sans doute par la difficulté conceptuelle qu'elles soulèvent. Le droit français de la filiation repose traditionnellement sur une conception binaire de la parenté, fondée sur la distinction entre filiation maternelle et filiation paternelle. Cette distinction s'appuie elle-même sur des critères biologiques : l'accouchement pour la mère, la fécondation pour le père. Or, les situations créées par le changement de la mention du sexe remettent en cause cette correspondance entre sexe biologique et sexe juridique, créant ainsi une dissonance entre les catégories traditionnelles du droit de la filiation et les situations nouvelles qu'il doit appréhender.

Face à ce vide législatif, la jurisprudence a été saisie et a tenté d'apporter des réponses, avec des résultats particulièrement contrastés et source d'importantes controverses. Dans un arrêt de principe du 16 septembre 2020, la première chambre civile de la Cour de cassation a été confrontée à une situation emblématique de ces difficultés. L'affaire concernait une femme transgenre, devenue femme à l'état civil en 2011 après avoir été mariée et père de deux enfants, qui avait conçu un enfant en 2014 avec son épouse au moyen de ses gamètes masculins conservés.

Elle sollicitait la reconnaissance de sa maternité et demandait à être désignée comme mère dans l'acte de naissance de l'enfant, aux côtés de son épouse qui avait accouché.

La Cour de cassation a rejeté cette demande en énonçant plusieurs principes fondamentaux qui constituent désormais la doctrine de la plus haute juridiction française en la matière. Elle a d'abord rappelé que les articles 311-25 et 320 du Code civil « s'opposent à ce que deux filiations maternelles soient établies à l'égard d'un même enfant, hors adoption ».

Cette règle traditionnelle du droit de la filiation, qui interdit l'établissement d'une double filiation de même nature, demeure pleinement applicable nonobstant le changement de la mention du sexe de l'un des parents.

La Cour de cassation a ensuite jugé qu'« en l'état du droit positif, une personne transgenre homme devenu femme qui, après la modification de la mention de son sexe dans les actes de l'état civil, procrée avec son épouse au moyen de ses gamètes mâles, n'est pas privée du droit de faire reconnaître un lien de filiation biologique avec l'enfant, mais ne peut le faire qu'en ayant recours aux modes d'établissement de la filiation réservés au père ». Autrement dit, selon la haute juridiction, la femme transgenre devait établir sa filiation non pas en qualité de mère, mais en qualité de père, par le biais d'une reconnaissance de paternité conformément aux articles 313 et 316 du Code civil.

Cette solution repose sur une conception de la filiation fondée sur la réalité biologique de l'engendrement plutôt que sur le sexe mentionné à l'état civil. Pour la Cour de cassation, le lien de filiation doit refléter les conditions réelles de la conception de l'enfant, indépendamment du sexe juridique des parents au moment de la naissance. La personne qui a fourni les gamètes masculins doit être juridiquement rattachée à l'enfant par une filiation paternelle, même si cette personne est désormais une femme à l'état civil.

La Cour de cassation a justifié cette solution par plusieurs arguments tenant à l'intérêt supérieur de l'enfant et à la cohérence du système juridique. Elle a relevé que ces dispositions du droit national sont conformes à l'intérêt supérieur de l'enfant car elles permettent l'établissement d'un lien de filiation à l'égard de ses deux parents, élément essentiel de son identité et qui correspond à la réalité des conditions de sa conception et de sa naissance, garantissant ainsi son droit à la connaissance de ses origines personnelles.

Elle a également souligné que cette solution permettait de conférer à l'enfant né après la modification de la mention du sexe de son parent à l'état civil la même filiation que celle de ses frères et sœurs nés avant cette modification, évitant ainsi les discriminations au sein de la fratrie.

En l'espèce, les deux enfants aînés avaient été inscrits avec une filiation paternelle à l'égard de la femme transgenre. Admettre une filiation maternelle pour le troisième enfant aurait créé une différence injustifiée entre les membres d'une même fratrie, tous élevés par les mêmes parents.

Cette décision de la Cour de cassation a suscité de vives réactions et d'importantes critiques. De nombreux commentateurs, associations et avocats ont dénoncé une solution qualifiée de « scandaleuse » et « abjecte », portant atteinte au droit au respect de la vie privée et à l'identité de genre de la personne transgenre. Ils ont fait valoir qu'obliger une femme à l'état civil à reconnaître sa paternité revenait à nier son identité de genre et à la contraindre à renoncer à son nouveau sexe dans ses relations avec son enfant.

Les détracteurs de cette solution ont également souligné l'incohérence créée entre l'état civil de la personne et sa filiation. Une femme selon l'état civil se retrouve ainsi juridiquement père de son enfant, ce qui crée une discordance manifeste et potentiellement source de difficultés pratiques dans l'ensemble des démarches administratives impliquant la présentation d'actes d'état civil. Cette incohérence porterait atteinte à la cohérence d'ensemble du système juridique et rendrait illisible la situation familiale.

Face à cette décision et après cassation de l'arrêt de la cour d'appel de Montpellier qui avait tenté de créer une catégorie nouvelle de « parent biologique », l'affaire a été renvoyée devant la cour d'appel de Toulouse statuant en tant que juridiction de renvoi. Dans un arrêt remarqué et hautement controversé du 9 février 2022, la cour d'appel de Toulouse a adopté une position diamétralement opposée à celle préconisée par la Cour de cassation, constituant ainsi un cas rare de « résistance » judiciaire à un arrêt de cassation.

La cour d'appel de Toulouse a reconnu le droit pour la femme transgenre d'être désignée comme mère dans l'acte de naissance de l'enfant par le biais d'une déclaration judiciaire de maternité, admettant ainsi l'établissement d'une double filiation maternelle biologique. Cette solution novatrice rompt avec la doctrine traditionnelle du droit de la filiation qui prohibait l'établissement de deux filiations de même nature à l'égard d'un même enfant en dehors du cadre de l'adoption.

La cour d'appel de Toulouse a justifié cette solution par plusieurs arguments juridiques fondés sur l'évolution récente du droit de la famille. Elle a relevé que l'article 320 du Code civil, qui empêche l'établissement d'une double filiation maternelle, avait été pris à une époque où les personnes transgenres n'étaient pas affranchies de toute exigence médicale pour obtenir le changement de leur sexe à l'état civil. Or, la loi du 18 novembre 2016 a profondément modifié le contexte juridique en autorisant le changement de sexe sans réassignation sexuelle par le mécanisme de la possession d'état, faisant ainsi coexister des réalités juridiques et biologiques distinctes.

La cour d'appel a également invoqué la loi du 2 août 2021 relative à la bioéthique, qui a ouvert la possibilité d'une double filiation maternelle dans le cadre de l'assistance médicale à la procréation pour les couples de femmes mariées ou pacsées. Si le législateur a ainsi admis, dans un cas particulier, la possibilité d'établir deux filiations maternelles, c'est que le principe d'impossibilité d'établir deux filiations de même nature n'avait plus un caractère absolu et pouvait être écarté lorsque l'intérêt supérieur de l'enfant et le respect des droits fondamentaux le commandaient.

Cette décision de la cour d'appel de Toulouse constitue une véritable innovation jurisprudentielle qui s'écarte délibérément de la solution préconisée par la Cour de cassation. Une telle « résistance » d'une juridiction de renvoi demeure exceptionnelle dans le système judiciaire français et révèle l'ampleur des divergences d'appréciation existant au sein de la magistrature sur ces questions particulièrement sensibles touchant à l'identité de genre et à la filiation.

Cette divergence jurisprudentielle crée une incertitude juridique majeure pour les familles concernées. Selon la juridiction saisie et le moment où elle statue, la solution retenue peut être diamétralement opposée. Cette insécurité juridique place les familles dans une situation particulièrement difficile, les contraignant à engager des procédures judiciaires longues et coûteuses sans garantie d'aboutir à la reconnaissance juridique correspondant à leur situation familiale réelle.

Par ailleurs, d'autres hypothèses demeurent totalement non tranchées par la jurisprudence. La question de l'homme à l'état civil ayant conservé la capacité de mener une grossesse et ayant accouché d'un enfant n'a pas encore fait l'objet de décisions judiciaires publiées.

Peut-il être juridiquement reconnu comme le père de l'enfant qu'il a mis au monde, ou doit-il nécessairement être désigné comme la mère en application de l'article 311-25 du Code civil qui établit la filiation maternelle par l'accouchement ? Cette question demeure sans réponse claire à ce jour.

Il apparaît donc indispensable qu'une réforme législative vienne clarifier le régime juridique applicable aux filiations postérieures au changement de la mention du sexe. Cette réforme devrait déterminer de manière claire et prévisible les règles applicables à l'ensemble des situations susceptibles de se présenter, afin de garantir la sécurité juridique des familles et le respect de l'intérêt supérieur de l'enfant.

Plusieurs options s'offrent au législateur : maintenir le principe du lien biologique comme critère déterminant de la filiation, admettre la possibilité d'une double filiation de même nature en cas de changement de la mention du sexe de l'un des parents, ou encore créer un nouveau mode d'établissement de la filiation fondé sur la volonté des parents indépendamment de la réalité biologique.

En attendant cette clarification législative, les juridictions continueront à être saisies au cas par cas de ces questions délicates, contribuant progressivement à l'émergence d'une jurisprudence qui pourra éventuellement inspirer le législateur. Toutefois, cette construction jurisprudentielle au cas par cas ne saurait se substituer à une intervention claire et assumée du législateur, seul à même de trancher démocratiquement ces questions de société qui engagent des choix fondamentaux quant à la conception de la famille et de la filiation dans notre ordre juridique.

CHAPITRE 10: Les effets sur les contrats et obligations

L'article 61-8 du Code civil pose un principe fondamental en matière contractuelle : la modification de la mention du sexe est sans effet sur les obligations contractées à l'égard de tiers. Cette règle, d'une portée considérable, garantit la sécurité juridique des relations contractuelles et assure la protection des droits des créanciers. Elle s'inscrit dans la logique générale du caractère constitutif et non rétroactif du jugement de changement de la mention du sexe.

Le principe ainsi consacré repose sur une conception fondamentale du droit des obligations: la stabilité des engagements contractuels, qui constitue un pilier essentiel de l'ordre juridique et économique, permettant aux cocontractants de prévoir avec certitude l'étendue de leurs droits et obligations réciproques.

Section 1. Le principe de continuité des obligations

Le changement de la mention du sexe n'affecte en rien l'existence juridique des contrats conclus antérieurement. Les contrats demeurent pleinement valables et continuent de produire tous leurs effets selon les termes convenus entre les parties. Cette continuité s'applique sans distinction à tous les types de contrats, qu'il s'agisse de contrats synallagmatiques ou unilatéraux, de contrats à exécution instantanée ou successive, de contrats à titre gratuit ou onéreux.

La personne ayant obtenu le changement de la mention du sexe demeure tenue de respecter l'intégralité de ses engagements contractuels dans les mêmes conditions qu'avant la modification de son état civil.

Le changement de la mention du sexe ne constitue ni une cause de modification du contrat ni un motif légitime permettant au débiteur de s'exonérer de ses obligations. Les créanciers conservent l'intégralité de leurs prérogatives contractuelles sans que le changement de la mention du sexe de leur débiteur ne vienne les affecter.

Section 2. Les contrats de travail

Le contrat de travail se poursuit dans les mêmes conditions après le changement de la mention du sexe du salarié. L'employeur ne peut en aucun cas invoquer ce changement pour mettre fin à la relation de travail. L'article L. 1132-1 du Code du travail prohibe expressément les discriminations en raison de l'identité de genre. Le salarié peut demander la mise à jour de ses documents administratifs pour tenir compte de son nouveau prénom et de sa nouvelle mention de sexe.

L'employeur doit veiller scrupuleusement à assurer le respect de la vie privée du salarié et la confidentialité de sa transition, la divulgation sans accord pouvant engager sa responsabilité.

Section 3. Les contrats d'assurance

Le changement de la mention du sexe n'autorise pas l'assureur à résilier unilatéralement le contrat d'assurance en cours. La modification de l'état civil ne constitue pas une aggravation du risque au sens de l'article L. 113-4 du Code des assurances. L'assuré doit néanmoins déclarer cette modification à son assureur conformément à l'obligation générale de bonne foi.

Cette déclaration permet de mettre à jour les documents contractuels mais ne saurait justifier une résiliation immédiate ni une augmentation unilatérale de la prime pour la période restant à courir.

Section 4. Les autres contrats

S'agissant des contrats bancaires, le changement de la mention du sexe n'affecte ni la validité ni l'exécution du contrat de dépôt ou du contrat de crédit. La banque procède à la mise à jour de ses fichiers et à l'émission de nouveaux documents sans aucune modification du contrat lui-même. Les contrats de prêt se poursuivent dans les mêmes conditions. Les contrats de location demeurent pleinement en vigueur. Les contrats de fourniture de services se poursuivent sans modification.

Dans tous ces cas, seule une mise à jour administrative des fichiers s'impose pour assurer la cohérence avec l'état civil actualisé.

CHAPITRE 11: Les effets administratifs et sociaux

Le changement de la mention du sexe à l'état civil entraîne de nombreuses conséquences pratiques dans les relations avec les administrations publiques et les organismes sociaux.

Ces conséquences, bien que relevant pour l'essentiel de procédures administratives de mise à jour, revêtent une importance considérable pour la personne concernée car elles conditionnent sa capacité à vivre au quotidien conformément à son identité de genre et à exercer normalement l'ensemble de ses droits. La multiplicité des démarches et la diversité des organismes rendent cette phase particulièrement complexe.

Section 1. La modification des documents d'identité

La carte nationale d'identité et le passeport constituent les documents d'identité officiels.

Leur mise à jour rapide constitue une priorité absolue. La demande s'effectue auprès de la mairie équipée d'une station d'enregistrement, sur présentation de la copie intégrale de l'acte de naissance mis à jour.

La nouvelle carte d'identité est délivrée gratuitement dans un délai de deux à six semaines. Le permis de conduire doit également être mis à jour via une demande en ligne sur le site de l'Agence nationale des titres sécurisés. Le nouveau permis est envoyé gratuitement par voie postale dans un délai inférieur à deux semaines.

Section 2. La mise à jour du livret de famille

L'article 16 du décret n° 74-449 du 15 mai 1974 prévoit la possibilité de délivrer un nouveau livret de famille en cas de changement dans les prénoms des personnes figurant sur le livret. Le nouveau livret intègre directement le nouveau prénom sans aucune référence à la décision de changement ni aux prénoms antérieurs. Cette discrétion facilite grandement les démarches administratives et préserve la vie privée familiale.

La demande s'effectue auprès de la mairie du domicile ou du lieu de mariage. La délivrance est gratuite et intervient dans un délai de quelques jours à quelques semaines.

Section 3. Les effets sur les régimes sociaux

Le numéro de sécurité sociale se compose de quinze chiffres. Le premier chiffre indique le sexe: le chiffre 1 pour les hommes, le chiffre 2 pour les femmes. Le changement de la mention du sexe entraîne la modification de ce premier chiffre. La personne doit informer sa CPAM qui procède à l'attribution d'un nouveau numéro de sécurité sociale et à la mise à jour de l'ensemble des fichiers. Une nouvelle carte Vitale comportant le nouveau numéro est délivrée.

L'ensemble de ces modifications s'effectue sans aucune interruption des droits. Les organismes de retraite doivent également être informés. Les prestations sociales déjà accordées sont maintenues dans les mêmes conditions.

Section 4. Les effets fiscaux

L'administration fiscale est généralement informée automatiquement du changement via le RNIPP. Le principe fondamental est la neutralité fiscale : le changement de la mention du sexe n'a strictement aucune incidence sur le régime d'imposition ni sur le calcul de l'impôt dû.

Les règles françaises d'imposition sur le revenu ne comportent aucune disposition différenciant le traitement selon le sexe. De même, l'impôt sur la fortune immobilière, les droits de succession et de donation ne comportent aucune règle différenciée. Pour les couples mariés ou pacsés, le changement de la mention du sexe de l'un des membres ne modifie pas le régime d'imposition commune applicable tant que l'union n'a pas été dissoute.

***

Les effets du changement de la mention du sexe se caractérisent par l'application rigoureuse du principe de non-rétroactivité consacré à l'article 61-8 du Code civil. Ce principe garantit la stabilité des situations juridiques constituées antérieurement tout en imposant une série de démarches administratives permettant d'adapter progressivement les documents pour assurer la cohérence de l'identité civile.

Toutefois, certaines questions demeurent en suspens, notamment celles relatives aux filiations postérieures au changement de la mention du sexe, comme en témoignent les divergences jurisprudentielles majeures entre la Cour de cassation et la cour d'appel de Toulouse. Ces zones d'incertitude appellent une clarification législative pour sécuriser la situation des familles concernées.

PARTIE IV

LE CHANGEMENT DE LA MENTION DU SEXE ET LE DROIT

INTERNATIONAL PRIVÉ

CHAPITRE 12: Le changement de la mention du sexe des binationaux

La situation des personnes de nationalité française possédant également une ou plusieurs autres nationalités soulève des questions juridiques particulièrement complexes en matière de changement de la mention du sexe à l'état civil. Ces difficultés résultent de la coexistence de plusieurs ordres juridiques applicables à une même personne et de la nécessité de déterminer, dans chaque situation concrète, quelle loi régit le changement de la mention du sexe et quels effets ce changement produit dans les différents États dont la personne possède la nationalité.

Le droit international privé français repose sur le principe fondamental selon lequel l'état des personnes est régi par leur loi nationale. Cette règle de conflit de lois, consacrée par une jurisprudence constante et codifiée à l'article 3 du Code civil, signifie que la capacité, l'état civil et plus généralement tous les attributs de la personnalité d'un individu sont déterminés par la loi de l'État dont il possède la nationalité. Or, cette règle simple en apparence se heurte à des difficultés majeures lorsqu'une personne possède plusieurs nationalités.

Section 1. La détermination de la loi applicable

La première difficulté rencontrée par les personnes binationales réside dans la détermination de la loi applicable au changement de la mention du sexe. Le principe général du droit international privé français veut que l'état des personnes soit régi par leur loi nationale. Mais quelle loi nationale doit-on appliquer lorsqu'une personne possède deux nationalités, notamment lorsque l'une d'elles est la nationalité française ?

L'article 3 du Code civil dispose que « les lois concernant l'état et la capacité des personnes régissent les Français, même résidant en pays étranger ». Cette disposition établit le principe de l'application de la loi française aux Français pour tout ce qui concerne leur état civil. Ce principe s'applique pleinement au changement de la mention du sexe, qui constitue une modification fondamentale de l'état des personnes.

Pour les personnes possédant la nationalité française et une autre nationalité, la jurisprudence française a développé une solution pragmatique : la loi française s'applique dès lors que la personne possède la nationalité française et réside habituellement en France ou entretient des liens étroits avec la France. Cette solution repose sur le principe dit de l'« effectivité » de la nationalité, qui conduit à privilégier la nationalité présentant les liens les plus étroits avec la personne concernée.

Pour exemple, un binational franco-tunisien résidant en France et y exerçant ses activités principales pourra demander le changement de la mention de son sexe devant les juridictions françaises en application de la loi française, même si la loi tunisienne ne prévoit pas cette possibilité ou la soumet à des conditions différentes. La juridiction française appliquera les dispositions des articles 61-5 à 61-8 du Code civil français sans avoir à se préoccuper des exigences éventuelles de la loi tunisienne.

Toutefois, cette application de la loi française ne signifie pas que le changement de la mention du sexe produira automatiquement ses effets dans l'autre État dont la personne possède la nationalité. La reconnaissance du jugement français de changement de la mention du sexe par les autorités de l'autre État dépendra des règles de droit international privé de cet État et de sa conception de l'ordre public international. Il peut donc exister une situation de « boitement » juridique, où la personne est reconnue sous son nouveau sexe en France mais demeure inscrite sous son ancien sexe dans les registres d'état civil de son autre pays de nationalité.

Section 2. Les conditions du changement de la mention du sexe

S'agissant des conditions substantielles du changement de la mention du sexe, la loi française applicable aux binationaux résidant en France est celle résultant de la loi du 18 novembre 2016 et codifiée aux articles 61-5 à 61-8 du Code civil. Ces dispositions ne prévoient aucune condition spécifique ni aucune restriction particulière pour les personnes possédant une double nationalité. Les binationaux peuvent donc solliciter le changement de la mention de leur sexe dans les mêmes conditions que les personnes possédant uniquement la nationalité française.

La procédure applicable demeure celle prévue à l'article 61-6 du Code civil : la demande est présentée devant le tribunal judiciaire du lieu de résidence ou du lieu où l'acte de naissance a été dressé ou transcrit. Le demandeur doit rapporter la preuve que la mention relative à son sexe dans son acte de naissance ne correspond pas à celui dans lequel il se présente et dans lequel il est connu. Cette preuve peut être établie par tous moyens, notamment par la production de témoignages, de documents administratifs, de photographies ou d'attestations diverses.

Le juge français n'a pas à vérifier si les conditions posées par la loi de l'autre État dont le demandeur possède la nationalité sont remplies. Seule compte la conformité de la demande aux exigences de la loi française. Cette solution présente un avantage considérable pour les binationaux dont la loi nationale étrangère ne prévoit pas la possibilité d'obtenir le changement de la mention du sexe ou la soumet à des conditions particulièrement restrictives, comme l'obligation de subir une chirurgie de réassignation sexuelle ou une stérilisation.

Une fois le jugement de changement de la mention du sexe prononcé par le tribunal français, il produit tous ses effets à l'égard de l'état civil français. Les actes de l'état civil français sont mis à jour pour tenir compte du nouveau sexe et du nouveau prénom de l'intéressé.

Si la personne est née en France, son acte de naissance français est rectifié en conséquence.

Si la personne est née à l'étranger et que son acte de naissance étranger a été transcrit sur les registres consulaires français, cette transcription est mise à jour.

Section 3. Les difficultés pratiques pour les binationaux

Les personnes binationales ayant obtenu le changement de la mention de leur sexe en France se heurtent fréquemment à des difficultés pratiques importantes résultant du défaut de reconnaissance de ce changement par les autorités de leur autre pays de nationalité.

Ces difficultés affectent de multiples aspects de leur vie quotidienne et peuvent créer des situations particulièrement complexes.

La première difficulté concerne les documents d'identité. Une personne binationale dispose généralement de documents d'identité délivrés par chacun des deux États dont elle possède la nationalité.

Or, si le changement de la mention du sexe n'est pas reconnu par l'autre État, les documents d'identité de cet État continueront à mentionner l'ancien sexe et l'ancien prénom. La personne se trouvera ainsi dans la situation paradoxale de posséder deux cartes d'identité ou deux passeports mentionnant des sexes différents.

Cette situation peut générer des difficultés concrètes lors des contrôles d'identité, notamment aux frontières. Les agents chargés du contrôle peuvent légitimement s'interroger sur la concordance entre les deux documents d'identité et suspecter une usurpation d'identité. Pour éviter ces difficultés, il est vivement conseillé aux personnes binationales de voyager systématiquement avec la copie du jugement de changement de la mention du sexe, qui permettra d'expliquer la discordance entre les documents.

La seconde difficulté concerne l'état civil et les actes familiaux. Si la personne binationale est mariée ou a des enfants, les actes de mariage et de naissance de ces enfants figurent généralement dans les registres d'état civil des deux États dont elle possède la nationalité.

Or, si le changement de la mention du sexe n'est pas reconnu par l'autre État, les actes d'état civil conservés par cet État ne seront pas mis à jour et continueront à mentionner l'ancien sexe et l'ancien prénom.

Cette situation crée une incohérence manifeste entre les différents actes d'état civil concernant une même personne. En France, les actes mentionneront le nouveau sexe et le nouveau prénom, tandis que dans l'autre pays, les mêmes actes continueront à mentionner l'ancien sexe et l'ancien prénom. Cette incohérence peut générer des difficultés administratives importantes, notamment lorsque la personne doit produire des actes d'état civil de son autre pays de nationalité pour accomplir des démarches en France ou inversement.

La troisième difficulté, et sans doute la plus grave, concerne le risque pénal auquel peuvent être exposées les personnes binationales dans certains États. Ce risque ne résulte pas, contrairement à ce que l'on pourrait penser, de la reconnaissance du changement de la mention du sexe par l'autre État de nationalité. En réalité, les États qui criminalisent les relations entre personnes de même sexe, tels que la Tunisie, ne reconnaissent généralement jamais le changement de la mention du sexe obtenu à l'étranger.

Le risque pénal découle en fait de la discordance entre l'apparence physique de la personne et son état civil dans cet État.

Prenons l'exemple d'un binational franco-tunisien, homme à l'état civil, marié à une femme et père de deux enfants. Cette personne obtient en France le changement de la mention de son sexe et devient femme à l'état civil français. Conformément à l'article

61-8 du Code civil, son mariage avec son épouse se maintient de plein droit. Les deux épouses continuent donc de vivre ensemble en France dans le cadre d'une union matrimoniale parfaitement valable au regard du droit français.

Les autorités tunisiennes ne reconnaîtront jamais ce changement de la mention du sexe.

Selon le droit tunisien, cette personne demeure juridiquement un homme. Le mariage unit donc toujours, du point de vue de l'état civil tunisien, un homme et une femme. Aucun problème juridique ne se pose donc en apparence au regard du droit tunisien.

Toutefois, si cette personne a eu recours à une intervention chirurgicale de réassignation sexuelle et a modifié son apparence physique pour correspondre à son identité de genre féminine, une situation dangereuse peut survenir lorsqu'elle se rend en Tunisie avec son épouse. Bien que juridiquement la personne demeure un homme selon le droit tunisien, son apparence physique est celle d'une femme. Lorsque le couple se déplace en Tunisie, par exemple pour des vacances ou pour rendre visite à la famille, il apparaît aux yeux de tous comme un couple composé de deux femmes.

Cette apparence suffit à créer un risque pénal majeur. L'article 230 du Code pénal tunisien punit de trois ans d'emprisonnement les relations sexuelles entre personnes de même sexe.

Cette disposition s'applique sur la base des faits et des actes constatés, indépendamment de ce que mentionne l'état civil. Si les autorités tunisiennes constatent que deux personnes ayant l'apparence de femmes vivent ensemble comme un couple, partagent une chambre d'hôtel, se tiennent la main en public ou adoptent tout autre comportement caractéristique d'une relation de couple, elles peuvent les soupçonner d'entretenir des relations sexuelles et engager des poursuites pénales.

Le risque s'avère particulièrement élevé si les autorités tunisiennes venaient à découvrir que la personne a subi une intervention chirurgicale de réassignation sexuelle. Dans ce cas, les relations sexuelles avec son épouse constituent objectivement des relations entre personnes de même sexe du point de vue anatomique, indépendamment de ce que mentionne l'état civil. Ces relations tombent directement sous le coup de l'article 230 du Code pénal tunisien et exposent les deux épouses à une peine pouvant aller jusqu'à trois ans d'emprisonnement.

En revanche, si la personne n'a pas eu recours à une intervention chirurgicale et a conservé ses caractéristiques anatomiques masculines, le risque pénal demeure moindre, bien que non nul.

L'apparence extérieure peut conduire à des soupçons, mais l'absence de modification anatomique complète rend plus difficile la caractérisation de l'infraction prévue à l'article 230 du Code pénal tunisien.

Cette situation place les binationaux concernés devant des choix impossibles. Soit ils renoncent à se rendre dans leur autre pays de nationalité, ce qui revient à se couper de leur famille, de leur culture d'origine et d'une partie de leur identité. Soit ils s'y rendent au péril de leur liberté, en s'exposant à des poursuites pénales pour le simple fait de vivre conformément à leur identité de genre et de maintenir leur relation conjugale légitime.

Face à cette situation, il est vivement conseillé aux personnes concernées qui ont eu recours à une intervention chirurgicale de s'abstenir de se rendre dans les États qui criminalisent les relations entre personnes de même sexe, particulièrement lorsqu'elles sont accompagnées de leur conjoint de même sexe apparent.

Ce risque ne concerne pas uniquement la Tunisie, mais s'étend à de nombreux États à travers le monde.

En Afrique, le Maroc, l'Algérie, le Sénégal et le Cameroun criminalisent également les relations homosexuelles. Les pays du Golfe, tels que l'Arabie Saoudite, les Émirats arabes unis, le Qatar ou le Koweït, prévoient des peines particulièrement sévères pouvant aller jusqu'à la peine de mort. En Amérique latine, certains États comme la République Dominicaine maintiennent des législations répressives.

En Asie, l'Indonésie et le Pakistan figurent parmi les nombreux États criminalisant ces relations. Le risque pénal demeure réel et les peines encourues sont sévères. Cette prudence s'impose d'autant plus que certains États pratiquent des contrôles médicaux invasifs pour vérifier le sexe anatomique des personnes soupçonnées d'entretenir des relations homosexuelles.

CHAPITRE 13: La reconnaissance internationale du changement de la mention du sexe

La reconnaissance internationale des décisions de changement de la mention du sexe constitue un enjeu majeur pour les personnes concernées, qu'elles soient binationales ou qu'elles envisagent de s'établir ou de voyager dans d'autres pays. Cette reconnaissance conditionne en effet la possibilité pour ces personnes de vivre conformément à leur identité de genre dans l'ensemble de leurs activités internationales et de faire valoir leurs droits dans différents États.

Section 1. Les principes de la reconnaissance des décisions étrangères

En droit international privé français, la reconnaissance des décisions étrangères obéit à des principes généraux qui s'appliquent également aux jugements de changement de la mention du sexe. Selon la jurisprudence constante de la Cour de cassation, une décision étrangère est reconnue en France sans qu'il soit nécessaire de recourir à aucune procédure, dès lors qu'elle remplit certaines conditions tenant à la compétence indirecte du juge étranger, à la conformité à l'ordre public international et à l'absence de fraude.

Le premier critère concerne la compétence indirecte du juge étranger qui a rendu la décision. Le juge français vérifie que le juge étranger était compétent pour statuer selon les règles françaises de compétence internationale. S'agissant du changement de la mention du sexe, matière relevant de l'état des personnes, le juge étranger est généralement considéré comme compétent s'il appartient à l'État dont le demandeur possède la nationalité ou dans lequel il résidehabituellement.

Le deuxième critère, et sans doute le plus délicat s'agissant du changement de la mention du sexe, concerne la conformité à l'ordre public international français. Une décision étrangère ne peut être reconnue en France si elle heurte des principes essentiels du droit français considérés comme d'ordre public international. Or, la conception de ce qui relève de l'ordre public international varie considérablement selon les États et évolue dans le temps au sein d'un même ordre juridique.

S'agissant du changement de la mention du sexe, le droit français contemporain ne considère manifestement pas ce changement comme contraire à l'ordre public, puisque la loi française l'autorise expressément depuis la loi du 18 novembre 2016, et même antérieurement par voie jurisprudentielle.

En conséquence, un jugement étranger prononçant le changement de la mention du sexe d'une personne ne saurait être considéré comme contraire à l'ordre public international français et devrait donc être reconnu en France.

Le troisième critère concerne l'absence de fraude. La reconnaissance est refusée si la décision étrangère a été obtenue frauduleusement, c'est-à-dire si le demandeur a artificiellement créé un rattachement avec l'État étranger dans le seul but de bénéficier d'une législation plus favorable.

Toutefois, la fraude est rarement caractérisée en matière de changement de la mention du sexe, dès lors que la personne justifie de liens réels avec l'État dont elle a sollicité la juridiction.

Section 2. La reconnaissance par les États étrangers des décisions françaises

La question symétrique de la reconnaissance par les États étrangers des jugements français de changement de la mention du sexe présente une importance pratique considérable pour les personnes concernées. Cette reconnaissance conditionne en effet la possibilité pour ces personnes de faire valoir leur nouveau sexe et leur nouveau prénom lorsqu'elles se rendent dans d'autres pays ou lorsqu'elles doivent accomplir des démarches auprès d'autorités étrangères.

Chaque État applique ses propres règles de droit international privé pour déterminer s'il reconnaît ou non les décisions étrangères de changement de la mention du sexe. Ces règles varient considérablement d'un pays à l'autre et dépendent largement de la conception que chaque État se fait du changement de sexe et de sa compatibilité avec son ordre public.

Les États de l'Union européenne reconnaissent généralement les décisions françaises de changement de la mention du sexe, en application du principe de reconnaissance mutuelle des décisions en matière d'état des personnes qui gouverne les relations entre États membres. Cette reconnaissance facilite grandement la circulation des personnes ayant obtenu le changement de leur mention du sexe au sein de l'espace européen.

En revanche, de nombreux États en dehors de l'Union européenne refusent de reconnaître les décisions de changement de la mention du sexe, considérant que de telles décisions heurtent leur ordre public. Ce refus de reconnaissance concerne notamment de nombreux États du monde arabo-musulman (Maroc, Algérie,

Tunisie, pays du Golfe), d'Afrique subsaharienne (Sénégal, Cameroun), d'Asie (Indonésie, Pakistan) ou encore certains États d'Amérique latine (République Dominicaine). Ce refus place les personnes concernées dans des situations particulièrement difficiles lorsqu'elles doivent se rendre dans ces pays ou accomplir des démarches auprès de leurs autorités.

À titre d'exemple, pour les binationaux franco-tunisiens, l'obtention d'un jugement français de changement de la mention du sexe ne garantit nullement que ce changement sera reconnu par les autorités tunisiennes. Le droit tunisien ne prévoyant pas la possibilité de changer de sexe à l'état civil, les autorités tunisiennes refusent généralement de reconnaître les décisions étrangères prononçant un tel changement, considérant qu'elles heurtent l'ordre public tunisien.

Cette situation se retrouve à l'identique pour les binationaux franco-marocains, franco-algériens, franco-sénégalais ou possédant toute autre nationalité d'un État refusant la reconnaissance du changement de la mention du sexe.

Section 3. Les conventions internationales applicables

Il n'existe à ce jour aucune convention internationale spécifiquement consacrée à la reconnaissance des décisions de changement de la mention du sexe. Cette absence de cadre conventionnel contribue à l'insécurité juridique des personnes concernées au niveau international. Toutefois, certaines conventions internationales plus générales peuvent trouver à s'appliquer et faciliter la reconnaissance des décisions de changement de la mention du sexe.

La Convention européenne des droits de l'homme, et plus particulièrement son article 8 garantissant le droit au respect de la vie privée et familiale, a joué un rôle majeur dans l'évolution du droit européen en matière de changement de sexe. La Cour européenne des droits de l'homme a jugé à plusieurs reprises que le refus persistant d'un État de reconnaître le changement de sexe d'une personne transgenre pouvait constituer une violation de l'article 8 de la Convention.

Cette jurisprudence de la Cour européenne a conduit de nombreux États européens à modifier leur législation pour permettre le changement de la mention du sexe à l'état civil.

Elle a également influencé les règles de reconnaissance des décisions étrangères en la matière, en rendant plus difficile pour les États membres de refuser la reconnaissance au nom de leur ordre public.

En dehors de l'Europe, les instruments internationaux de protection des droits de l'homme, tels que le Pacte international relatif aux droits civils et politiques, peuvent également jouer un rôle dans la promotion de la reconnaissance des décisions de changement de la mention du sexe.

Toutefois, leur impact demeure limité en l'absence de mécanisme contraignant de mise en œuvre et compte tenu des fortes divergences culturelles et religieuses qui caractérisent la communauté internationale sur ces questions.

***

La dimension internationale du changement de la mention du sexe révèle les limites actuelles du droit international privé face à des questions sociétales aussi sensibles.

L'absence de consensus international sur la possibilité même d'obtenir le changement de la mention du sexe et sur les conditions de ce changement crée une insécurité juridique majeure pour les personnes concernées, particulièrement lorsqu'elles possèdent plusieurs nationalités ou entretiennent des liens avec plusieurs États.

Cette situation plaide en faveur d'une harmonisation internationale progressive des législations et d'une reconnaissance mutuelle des décisions en la matière, dans le respect du droit fondamental de chacun à voir reconnaître son identité de genre.

FOCUS

LE RETOUR AU SEXE D'ORIGINE

La loi du 18 novembre 2016 n'interdit pas à une personne ayant obtenu le changement de la mention de son sexe de solliciter ultérieurement un nouveau changement pour revenir à son sexe d'origine. Cette possibilité de changements successifs résulte du silence du législateur sur ce point : aucune disposition légale ne limite le nombre de changements ni n'exclut la possibilité d'un retour au sexe initial.

La procédure applicable demeure celle prévue à l'article 61-6 du Code civil. Le demandeur doit saisir le tribunal judiciaire et rapporter la preuve que la mention relative à son sexe dans son acte de naissance ne correspond pas à celui dans lequel il se présente et dans lequel il est connu. Cette charge de la preuve peut s'avérer plus délicate lors d'un second changement, le demandeur devant démontrer de manière convaincante que son identité de genre correspond désormais à nouveau à son sexe de naissance.

La jurisprudence demeure rare sur cette question, mais les juridictions peuvent se montrer plus exigeantes s'agissant de la caractérisation du sérieux et de la stabilité de la démarche.

Le juge veillera à s'assurer que la demande ne présente pas un caractère fantaisiste ou abusif et correspond à une réalité vécue durablement.

Le jugement prononçant le nouveau changement de la mention du sexe produit les mêmes effets que le jugement initial. Il ordonne la modification de la mention du sexe et des prénoms dans l'acte de naissance, avec les conséquences prévues à l'article 61-8 du Code civil : maintien des obligations contractées à l'égard de tiers et des filiations établies. La personne retrouve ainsi formellement son sexe d'origine à l'état civil, tout en conservant l'ensemble des droits et obligations nés pendant la période où elle figurait sous l'autre sexe.

Cette possibilité de retour revêt une importance pratique significative pour les personnes qui, après avoir vécu dans le genre correspondant à leur identité perçue, constatent que cette transition ne correspond finalement pas à leur identité profonde. Elle garantit que le changement de la mention du sexe ne constitue pas une décision irréversible et préserve l'autonomie de la personne dans la détermination de son identité de genre.

CONCLUSION GÉNÉRALE

La loi du 18 novembre 2016 de modernisation de la justice du XXIe siècle a profondément modifié les conditions d'accès au changement de la mention du sexe à l'état civil en France.

En supprimant toute exigence de traitement médical, de chirurgie ou de stérilisation, et en créant un cadre législatif là où prévalait auparavant une simple jurisprudence, le législateur a consacré une conception du changement de la mention du sexe fondée sur l'identité de genre vécue par la personne plutôt que sur des critères médicaux ou biologiques.

Le dispositif procédural institué par les articles 61-5 à 61-8 du Code civil repose sur un équilibre entre l'accessibilité du changement et la préservation de la sécurité juridique. La personne doit simplement rapporter la preuve que la mention relative à son sexe dans son acte de naissance ne correspond pas à celui dans lequel elle se présente et dans lequel elle est connue. Cette preuve peut être établie par tous moyens. Le juge examine la demande au regard de ces seuls éléments, sans pouvoir imposer d'expertise médicale ni exiger la démonstration d'une quelconque modification corporelle.

Les effets du changement de la mention du sexe ont été clairement délimités par le législateur.L'article 61-8 du Code civil consacre le principe de non-rétroactivité : le jugement de changementne produit ses effets que pour l'avenir et demeure sans effet sur les obligations contractées àl'égard de tiers et sur les filiations établies avant la modification. Ce principe garantit la stabilité des situations juridiques acquises, notamment le maintien du mariage ou du PACS et la préservation des liens de filiation existants.

Toutefois, certaines difficultés juridiques majeures subsistent, tenant principalement à l'établissement des filiations postérieures au changement de la mention du sexe. L'absence de dispositions légales spécifiques sur ce point a donné lieu à un contentieux judiciaire majeur révélant une situation juridique exceptionnelle et préoccupante. La Cour de cassation, dans son arrêt du 16 septembre 2020, a jugé qu'une femme transgenre ayant conçu un enfant avec ses gamètes masculins ne pouvait établir sa filiation qu'en qualité de père, par le biais d'une reconnaissance de paternité. Cette décision de la plus haute juridiction judiciaire française s'imposait à la juridiction de renvoi conformément aux principes fondamentaux de l'organisation judiciaire.

La dimension internationale du changement de la mention du sexe soulève des difficultés spécifiques pour les personnes binationales. Si le droit français permet aux binationaux résidant en France d'obtenir le changement de la mention de leur sexe en application de la loi française, ce changement ne sera généralement pas reconnu par les autorités de nombreux États, notamment en Afrique, en Asie et au Moyen-Orient. Cette absence de reconnaissance crée des incohérences entre les différents états civils d'une même personne et peut générer des difficultés pratiques considérables.

Plus gravement encore, les personnes binationales ayant subi une intervention chirurgicale de réassignation sexuelle et conservant un mariage avec une personne de même sexe apparent s'exposent à des risques pénaux dans les États qui criminalisent les relations entre personnes de même sexe. L'article 230 du Code pénal tunisien, qui punit de trois ans d'emprisonnement ces relations, illustre ce risque qui s'étend à de nombreux autres États tels que le Maroc, l'Algérie, le Sénégal, le Cameroun, les pays du Golfe, l'Indonésie, le Pakistan ou la République Dominicaine.

Ce risque pénal découle non pas de la reconnaissance du changement de sexe par ces États, qui la refusent généralement, mais de la discordance entre l'apparence physique de la personne et les actes qu'elle accomplit avec son conjoint.

Enfin, la possibilité de retour au sexe d'origine, bien que non expressément prévue par la loi, résulte du silence du législateur qui n'a limité ni le nombre de changements ni exclu la réversibilité de la démarche. Cette possibilité préserve l'autonomie de la personne dans la détermination de son identité de genre et garantit que le changement de la mention du sexe ne constitue pas une décision irréversible.

Le changement de la mention du sexe à l'état civil constitue une matière en pleine évolution, marquée par des tensions entre différentes conceptions de la filiation, de l'identité et des droits fondamentaux. Les divergences jurisprudentielles et les difficultés internationales révèlent les limites actuelles du dispositif légal et soulignent la nécessité d'une clarification des règles applicables, tant au niveau national qu'international, pour garantir la sécurité juridique des personnes concernées et le respect effectif de leurs droits fondamentaux.

***

www.ingramcontent.com/pod-product-compliance
Lightning Source LLC
LaVergne TN
LVHW010823051026
849532LV00007B/2606
* 9 7 9 1 0 9 7 9 3 3 0 2 9 *